JN079361

Invitation to Organ Playing

オルガン奏法
パイプでしゃべろう！
パイプで歌おう！

近藤 岳 編著
Takeshi Kondo

梅干野安未・松岡あさひ 著
Ami Hoyano, Asahi Matsuoka

道和書院
Douwashoin Co., Ltd.

はじめに

皆さんは「オルガン」という名前を聞くと、一体どんな楽器を思い浮かべるでしょうか?

パイプオルガン、リードオルガン(足踏みオルガン)、ハモンドオルガン、シアターオルガン、電子オルガン……などなど。しかし、それらは似ているようでいて、1つ1つが全く違う楽器です。欧米で「オルガン organ」と言えば、「パイプオルガン」を指しますが、日本ではわざわざ「パイプオルガン」と呼ばないと、どのオルガン? と思われることも未だに多いように思います。

オルガンという言葉は、ギリシャ語の"オルガノン"に由来し、道具、器具という意味を持っていました。歴史に初めて登場する「水オルガン」は、紀元前3世紀頃に発明され、それ以後二千数百年の間、オルガンはその音の出る仕組みを保ちながら、数々の素晴らしい進化を遂げて現代に至っています。

「パイプ」、「ふいご」、「鍵盤」がすべてそろって音が奏でられるこの楽器こそ、まさに「オルガン」そのものなのです。

現在、日本では1000台を超えるオルガンが設置されています。この数十年で、各公共ホールなどの活発なオルガンコンサートやオルガン体験企画を通じて、子供から大人まで幅広い層の方々がオルガン音楽に親しみ、楽器に触れる機会が増えてきました。同時に「私もオルガンを演奏してみたい」という方々も増え続け、「オルガンはどうやって、どこで習うことができるのか?」、「弾き方について書かれた何かわかりやすい本はないか?」という具体的な問い合わせも数多く寄せられるようになりました。

本書は、こうしたニーズに加え、かねてより声の多かった"現代の視点に立った、日本語によるわかりやすいオルガン奏法の教則本を!"というリクエストを受けて誕生しました。オルガン奏法は、時代の流れとともに変遷し、その時々で欧米のオルガニストたちによる教則本が多数出版されてきましたが、今日ではもうすでに古い奏法と映るものも多々あります。前時代的なアプローチとは別に、様式をふまえ、個々の音楽を「今どのように」演奏すべきか、現代の視点でとら

えた適切な奏法によって演奏することが求められています。本書は、この一見難しそうな内容を、わかりやすく、体系的に、かつ興味を持って楽しく身につけられるように工夫されています。

初めてオルガンに触れる方からすでにオルガンを習っている方までを対象に、その内容を1冊にまとめるのは大変でしたが、さまざまな使い方ができて、奏法と音楽の「架け橋」になるような本を目指しました。文体も、幅広い層の方々に親しんで読んでいただけるように心がけています。また、オルガニストがオルガンを指導する際に、ぜひ役立てていただきたいという希望もたくさん込められています。

本書の成立にあたっては、一般社団法人日本オルガニスト協会の「中・長期事業計画」の一環としてワーキンググループが立ち上がり、次世代育成に向けた取り組みの1つとして、この教則本の制作が指針に加えられました。企画・立案、執筆を近藤が担い、新たな執筆メンバーとして梅干野安未、松岡あさひの両氏を迎えました。ワーキンググループのメンバーである椎名雄一郎、平井靖子、廣野嗣雄、松居直美、松浦光子の各氏（50音順）の示唆に富んだご意見を数々いただきながら、共に幾度となく推敲を重ねました。メンバーの皆様に厚くお礼を申し上げ感謝いたします。また、株式会社道和書院代表取締役の片桐文子氏には、本書完成まで多大なるお力と、大変きめ細やかなご配慮をいただきました。心より感謝申し上げます。

本書がオルガンを演奏する皆さんにとって大いに役立ち、いつまでも愛されるように願っています。

2020年 新春
近藤 岳

イラスト：山田由希子

この本の使い方

この本は、鍵盤楽器の経験はあるものの、初めてオルガンに触れる皆さんや、現在オルガンを習っていて、より一層技術を学びたい皆さんにとって、さまざまな使い方ができるよう考えられています。本の最初から順番に学ぶこともできますし、個々の奏法について必要な項目を選んで学ぶこともできます。

各項目は、解説と譜例によって構成されています。技術要素が習得できて、それらが具体的に音楽表現に結びついていきやすいように、以下の項目が登場します。

 項目の技術要素に焦点を当てた練習課題です。繰り返して練習することができます。

 「ドリル」の技術要素によって書き下ろされた小さな曲です。各曲にはタイトルが付けられており、技術要素を表情豊かな音楽の中で学びます。

 具体的にどのように練習すると良いか、アドバイスします。

 曲についてのコメントや、知っておくと役立つコラムです。

 皆さんが一度は弾いてみたい曲や、ぜひ演奏してほしい曲が登場します。「ドリル」や「エチュード」で学んだ技術要素がすぐに応用できます。

指導される先生へのアドバイスです。内容についての留意点や、技術要素が実際の楽曲にどう繋がるのかなどを示しています。

この本が、皆さんにとって「オルガン」と「音楽」との出会いの場となり、生き生きとした表現に結びつくことを心より願っています！

オルガンの各部の名称

全体像

①パイプ
②水平トランペット
③演奏台

演奏台（コンソール）

① ストップノブ
② モニター
③ 鏡
④ 譜面台
⑤ メモリーモニター
⑥ 手鍵盤
　　下から　第1鍵盤（Ⅰ）
　　　　　　第2鍵盤（Ⅱ）
　　　　　　第3鍵盤（Ⅲ）
　　　　　　第4鍵盤（Ⅳ）
⑦ メモリーボタン
⑧ スウェルペダル
⑨ クレッシェンドペダル
⑩ カプラーピストン
⑪ ペダル鍵盤

写真提供　サントリーホール

Contents

I　オルガンを知ろう ……… 9

§1　オルガンの歴史 ……… 10

§2　音の鳴る仕組み ……… 11

§3　オルガンを鳴らすための準備 ……… 13

§4　オルガンを鳴らしてみよう! ……… 15

§5　タッチとリリース —— オルガンの音の入り口と出口 ……… 16

§6　パイプの風と呼吸を合わせて ……… 17

II　オルガンの奏法

I

オルガンを知ろう

§1　オルガンの歴史

これから皆さんが演奏するオルガンは、いつ頃からあった楽器なのでしょう?　皆さんもよく知っているピアノやヴァイオリンと同じころにできたのでしょうか?

なんとオルガンは、イエス・キリストの誕生よりも更に前(紀元前3世紀ころ)に発明されたと言われています。その頃に発明されたのがこのオルガンです(図1)。北アフリカのアレクサンドリアに住むクテシビオスという人が、水オルガン(ヒュドラウリス:水圧を使って風を送る仕組みのオルガン)を発明したと伝えられています。その頃は、今のようにコンサートや礼拝のためではなく、王様への贈り物であったり、野外の競技場で演奏されるものでした。

図1　ヒュドラウリスを弾く人

しばらくすると、水の代わりにふいごを使って風を起こすオルガンに変わっていきます。図2は4世紀頃の絵ですが、パイプは少なく、ふいごを動かすために2人の人が乗っています。

10世紀頃になると、教会や修道院の中にオルガンが置かれはじめ、儀式で使われるようになります。その頃のオルガンは、歌や合唱の代わりでもありました。

図2　4世紀頃のふいご式オルガン

図3は、15世紀頃に作られた楽器で、今でも演奏できる世界で最も古いオルガンです。スイスのシオンというところにある楽器で、ツバメの巣のように教会の壁に張り付いています。だんだんと、皆さんが持つオルガンのイメージに近づいてきましたね。

オルガンはこのあと、ヨーロッパ中のキリスト教を信じている国を中心に発達していきます。国にはそれぞれ、その国の文化、言葉や好みの違いがありますね。オルガンは大きくて持ち運ぶことができないものが多いので、置かれた国や時代ごとに、そこで生活する人々の好みに合わせていろいろな変化をしていったのです。

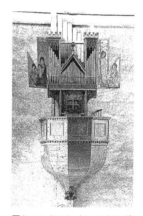

図3　スイス・シオンのオルガン

図4は、バッハも演奏したと言われているオルガンです。今もなお、そのような楽器を演奏できるのは、素晴らしいことですね。

ヨーロッパを旅行したら、ぜひ教会に入ってオルガンを探してみてください。長い歴史と人々の思いを蓄えた音色に出会えるかもしれません。

19世紀頃になると、楽器が巨大化していき、音色も増えて「1台のオーケストラ」とも呼ばれるようになりました。現代では、教会の中だけでなく、コンサートホールにもオルガンが置かれ、より多くの人々に親しまれています。

2000年以上の長い歴史を持つオルガン。世界中で、さまざまな時代のオルガン音楽が演奏されるようになりました。

図4　ドイツ・ナウムブルクのオルガン

§2 音の鳴る仕組み

1 オルガンは鍵盤楽器!?

オルガンは鍵盤を押して演奏する楽器です。同じ鍵盤楽器でも、ピアノとは違った音色が聴こえてきますね。ピアノは鍵盤を押すとハンマーが鉄の弦を叩いて音が出ますが、オルガンは鍵盤を押さえるとパイプに風が流れて、音が響きます。それ以外に、もう1つの大きな違いがあります。ピアノは鍵盤を叩いた瞬間にいちばん大きな音が鳴り、すぐに減衰していくのに、オルガンは鍵盤を押したままでいれば同じ強さで鳴り続けます。なぜそのような違いが出てくるのか、オルガンの仕組みを簡単に説明しましょう。

2 パイプの形や種類、長さが変わると音が変わる

図5を見てください。パイプには、金属でできたパイプ（金属管 ①と③）、木で作られたパイプ（木管②）があります。形もいろいろで、①や②のように歌口を持った「フルーパイプ」と、③のようにリードが震えて発音する「リードパイプ」に分けられます。

パイプは、短かければ高い音が、長ければ低い音が出ます。オーケストラの中で活躍する楽器を思い浮かべても、高い音を演奏する人が持っているのは小さな楽器で、低い音になるにつれて楽器も大きくなっていくのがわかりますね。

オルガンはさまざまな音色を持っており、それを選ぶ装置を「ストップ」と呼びます。ストップを操作して音色を指定し、鍵（キー）を押すと、「〇〇〇というストップのド・レ・ミ……」が出るようになります。ストップの組み合わせにより、多彩な音色を作り出すことができるのも、オルガンの魅力の1つです。

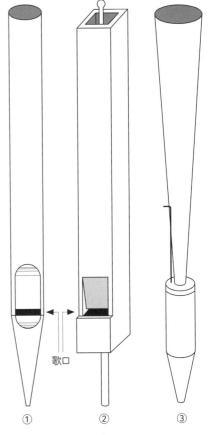

歌口

① ② ③

図5 さまざまなパイプ

3 音の鳴る仕組み

ふいご・鍵盤・パイプ

この3つはオルガンの音を鳴らすための大切な要素です。

「ふいご」とは、パイプが鳴るための風を作り、「風箱」に送り出す送風装置です。電気が発明される前は「ふいご」を動かす"カルカント"という仕事があったほどで（図2のふいごに乗っている人たちのこと）、オルガニストは練習するのにもその人たちの助けが必要だったのです。電気の力を使って風を起こせるようになってからは、自由に練習ができるようになりました。

「ふいご」で作られた風は、ダクト（風導管）を通ってパイプが並んでいる風箱に運ばれます。ある鍵を押すと、その動きが一瞬にしてその音に対応するパイプへと伝わっていきます。どんなに離れたところにあるパイプでも、「トラッカー」や「ローラーボード」と呼ばれる木の板が、鍵の動きを縦横に瞬く間に伝えてくれるのです。

その動きは風箱の中の弁にまで伝えられて、その弁が開くとパイプに風が流れて音が鳴る仕組みになっています。鍵盤の動きはとても敏感にその弁に伝わるので、弁を開け閉めする鍵盤のタッチはとても大切なことがわかりますね！

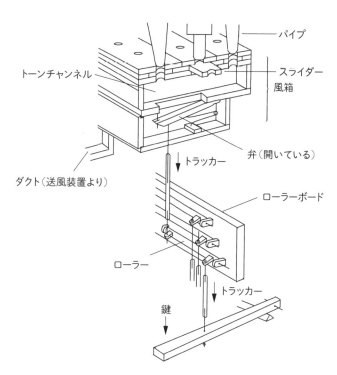

図6　音の鳴る仕組み（製図：廣野嗣雄、一般社団法人日本オルガニスト協会監修『オルガンの芸術』道和書院、2019年より）

それでは、実際にオルガンに座って、音を鳴らしてみましょう。

§3　オルガンを鳴らすための準備

リラックスしてオルガンベンチ（椅子）に座ります。

1　座る姿勢と重心の取り方

▶　ベンチに上半身がしっかりと乗るように座りましょう。

▶　両手を前に出して足を自然に下げた時、「やじろべえ」のように上半身がグラグラしたり、背中が反ったり、曲がったりしないように注意しましょう。

▶　体の重心がしっかりとベンチに乗るようにします。

モデル：伊藤正晃

2　手と手鍵盤

▶　鍵盤に触れる手首は、下がりすぎたり上がりすぎたりせず、力まないようにします。例えば、手で丸いボールを優しくつかむような手の形で指を鍵盤に乗せてみましょう。（指の付け根が凹まないように意識してみてください）

  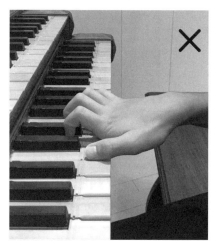

▶　鍵盤の真ん中に体の中心が来るように、背筋をまっすぐにして座りましょう。

▶　手鍵盤に触れる時に、両肘が後ろに下がりすぎたり、腕全体が伸びないように、腕から肘が自然に曲がるように心がけてください。

3 足とペダル鍵盤

手だけではなくペダルを演奏する時も、ベンチの高さと前後の位置は大変重要です。弾く人の背丈や体格に応じて良いフォームで演奏ができるように、ベンチの高さと位置を工夫します。（楽器によっては、ベンチの高さが変えられないものもあります。）

ベンチの高さと前後の位置を決めるときに大切なこと

▶ ベンチに座った時に、上半身の姿勢や重心の取り方、手の構えなどが崩れないように。

▶ 両足がペダルの中央〜最低音・最高音周辺まで触れられるように。

▶ ペダルの白鍵から黒鍵へ、スムーズに移動しやすいところで。

▶ ひざがベンチ側に折り曲がらないこと。ひざ下がペダルに向かって真っ直ぐに下がった状態を意識しましょう。

オルガンシューズについて

ペダル鍵盤を弾くために、オルガン用の靴を準備することをおすすめします。

足を保護するのはもちろん、つま先やかかとを使う場合にとても弾きやすくなります。

靴底は適度に滑り、かかと（ヒール）はフラットなものよりも適度な高さのあるものを選ぶと良いでしょう。

なお、上の画像のように、オルガンを弾くために設計された「オルガンシューズ」が販売されています。日本製、海外製など多岐にわたっていますので、興味のある方はぜひ調べてみてください。

§4　オルガンを鳴らしてみよう!

さあ、ベンチに座ってオルガンと向き合ったら、8フィート(136〜137ページを参照)のストップを入れて自由にオルガンと遊んでみましょう!

1　手のひらや足でパイプに流れる風を感じよう

まず、手鍵盤と足鍵盤にストップ(音色)を入れて、下の楽譜を音にしてみましょう。

▶　手のひらや足で、「風」の流れを感じて自由に弾いてみましょう。
▶　出てきた音と響きに、タイトルをつけて音楽のように表現してみましょう。

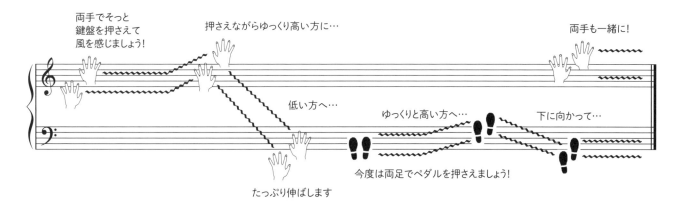

▶　少しのストップ、たくさんのストップを入れて弾いた時の音色の違いを感じよう!
▶　鍵盤をそっと押したり、速く押したりすると、どんな音の変化があるかな?
▶　少しの鍵盤を押さえた時と、たくさんの鍵盤を同時に押さえた時の、音の響きを感じ取ってみよう!

2　手と足で「カッコウ」の鳴き声を表現しよう

▶　1本指や2つの指を自由に使って弾いてみよう

▶　楽譜の中の文字で書かれた「カッコウ」の鳴き声を見ながら、それを音にしてみると…?

①〜③まで、音に変化をつけることができましたか?　弾き方を工夫すると、音の鳴り方に違いがあることに気づきますね!

さて次は、右手と左手、ペダルで、さまざまな音の高さのカッコウを表現してみましょう！
（自由に、弾きやすい指と足を使ってみてください）

カッコウの森

音の鳴らし方が「音の入り口」だとすると、音の鳴り止ませ方は「音の出口」。この2つを上手にコントロールすると、オルガンのパイプをいろいろな表情で歌わせることができます。

では具体的に、どのような音の鳴らし方をすると音の表情が変わるでしょうか？　次の章に進みましょう！

§5　タッチとリリース —— オルガンの音の入り口と出口

オルガンのパイプの音を出すには鍵盤を押して、音を鳴り止ませるには鍵盤を戻します。それは、鍵盤を押すと「弁」が開いてパイプに風が注がれ、鍵盤を戻すと「弁」が閉じてパイプへの風が止まるからです。オルガンはまさに手足で管楽器を「吹く」ように演奏する楽器！ ピアノのように鍵盤を押す強さによって音色や強弱の変化をつけることができませんが、パイプへ注がれる風を上手にコントロールすることで、いろいろな表情をつけることができます。
この本では、鍵盤を押して音を出すことを「タッチ」、鍵盤を戻して音を鳴り止ませることを「リリース」と呼びます。

パイプを鳴らしたり鳴り止ませたりする時、鍵盤のタッチとリリースのスピードを変化させると、音にどんな違いがあるかな？　鍵盤に指を触れた状態で、下の①②を弾いてみよう。

1　音の鳴らし方：速いタッチとゆっくりとしたタッチ

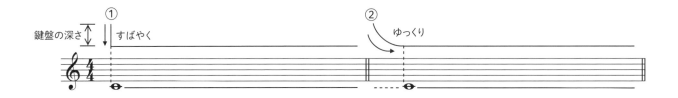

すばやくタッチすると「はっきり」発音し、ゆっくりタッチすると「柔らかく」発音します。
実際の曲の中では、音を鳴らす時には「速いタッチ」ではっきりと音を鳴らすことがほとんどです。

2　音の鳴り止ませ方：速いリリースとゆっくりとしたリリース

すばやくリリースすると「はっきり」音が止み、ゆっくりリリースすると息が優しく抜けるように「柔らかく」音が鳴り止みます。
実際の曲の中では、「速いリリース」と「ゆっくりとしたリリース」をそれぞれの音楽表現に合わせて使い分けます。

3　タッチとリリースの組み合わせ

15ページに登場した「カッコウ」は、下記のタッチとリリースの組み合わせによって表現できます。

上手に音で表現することができましたか？
足を使ってペダル鍵盤でもぜひ挑戦してみてください！

§6　パイプの風と呼吸を合わせて

オルガンは、管楽器を吹くように、パイプに流れる風を鍵盤でコントロールする楽器です。風はふいご（送風装置）で作られるので、自分自身で風をオルガンに吹き込まなくても鍵盤を押せば音は出ます。しかし、弾く人が音楽的な呼吸をせずに演奏すると、楽器だけが勝手に息をしているような音楽になってしまいます。

オルガンを演奏する人「オルガニスト」は、楽器の「風」を自分の「息」のように感じ、オルガンと一緒に「呼吸」しながら演奏することがとても大事です。それによって、自分自身の声がオルガンの声となり、一心同体で生き生きとした音楽表現をすることができます。

1 オルガンを弾かずに、呼吸（ブレス）をして歌ってみよう

2 歌いながら弾いてみよう

3 「言葉をしゃべるように」弾く（タンギング）

次に、リコーダーの「タンギング」をイメージしながら、言葉をはっきり「しゃべるように」弾いてみましょう。

タンギング tonguing とは、管楽器を演奏する時に「舌」を使って音の出始めをはっきりとさせる奏法のことです。それによって「子音」が聞こえ、しゃべるような表現ができます。

タンギングにはいろいろな種類がありますが、まずは「tu（トゥ）tu（トゥ）tu（トゥ）」（シングルタンギング）という舌使いを思い出して、オルガンでも真似してみましょう。

4 「ひと息で歌うように」弾く（ヴォカリーズ）

今度は、音と音を上手につなげて、ひと息で歌いながら弾いてみましょう。

タンギングして弾いた時と、ひと息で歌うように弾いた時では、どんな音の表情の変化があったかな？

5 ペダル鍵盤でも、しゃべるように・歌うように

足でも同じようにして、ペダル鍵盤を弾いてみましょう。

① しゃべるように

口でタンギングしながら、その音を真似るように表現してみましょう。

② 歌うように

今度は、音がひと息にまとまってつながるように、歌いながら弾いてみましょう。
片足、両足を自由に使って挑戦しましょう！

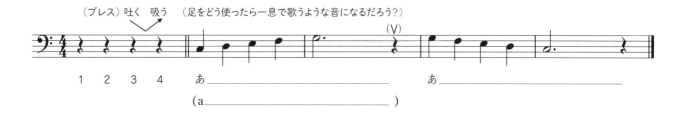

同じメロディーでも、弾き方を工夫すると、音の表情が全く違うことが感じられましたか？

オルガンを弾く時は、いつも「風」を感じて、呼吸をしながら、手足でパイプを「吹くように弾く」ことを忘れないで
演奏してくださいね！

II
オルガンの奏法

§1　アーティキュレーションの世界

1　オルガン奏法の特徴

音と音を区切ったり、つなげたりすることを「アーティキュレーション」と呼びます。

「フレーズ」よりも短い単位で使われることが多く、音と音の関係性、つまり区切り方やつなぎ方を工夫することで、音に豊かな表情を与えます。

オルガンは、音が減衰せず、タッチの強度によって強弱を生み出すことができません。しかし、音の長さをコントロールし、タッチやリリースの質を変化させることで、音のニュアンスや強弱を表現します。第Ⅰ部§5の「音の鳴らし方と鳴り止ませ方」や、§6の「言葉をしゃべるように」「ひと息で歌うように」は、まさにいろいろなアーティキュレーションの練習だったのです！

アーティキュレーションは時代によって変化していきますが、そのスタイルに応じて主に2つに分けて考えることができます。この本では、アーティキュレーションの仕方によって奏法を A と B に区分し、紹介していきます。

2　アーティキュレーテッド奏法とノン・アーティキュレーテッド奏法

A アーティキュレーションをする「アーティキュレーテッド奏法」

- ▶ バロック音楽において "しゃべるように" タンギングして表現する奏法です。
- ▶ さまざまな音価をコントロールし、より表情豊かに演奏するためにアーティキュレートします。

B アーティキュレーションをしない「ノン・アーティキュレーテッド奏法（レガート奏法）」

- ▶ ヴォカリーズのようにレガートで表現する奏法です。
- ▶ 主にロマン派以降の音楽で、個々の音を切れ目なくなめらかに演奏する時に用いられる奏法です。

以上のようにカテゴリー分けをして、それぞれの奏法の特色を分かりやすく学べるように進めていきます。

A アーティキュレーテッド奏法
タンギングして、しゃべるように

§1　手の奏法

1　タンギングと音価（音の長さ）のコントロール

タンギング

「3」の指だけで弾いてみよう

鍵盤のタッチとリリースのイメージ図を参考に演奏してみましょう。なるべく次の音を弾く直前まで保っておき、隣の音へすばやく移動して弾くと、音と音はどのように聞こえるでしょう？

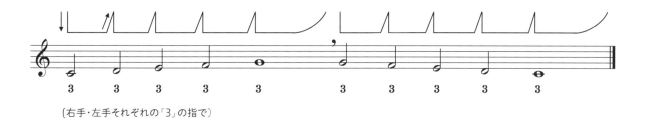

（右手・左手それぞれの「3」の指で）

同じ指で連続して弾くと、隣の鍵盤を弾こうとする時に、鍵盤がすばやく戻って音が鳴り止み、次の音が鳴った時には、前の音はもう残っていません。

つまり、音と音が「トゥー・トゥー」とタンギングされて、1つ1つの音がはっきりと新しく発音されます。

「1」から「5」の指を順番に使って弾いてみよう

今度は、他の指でも弾いてみましょう！

1つの音を2回弾いて、タンギングをより意識してみよう

4/4拍子で一定のテンポの中で表現しましょう。

指と指の変わり目（例えば、2拍目から3拍目、4拍目から次の1拍目など）にも注意して、「トゥー・トゥー」とタンギングできるようにしましょう。

バロック以前の「古い指づかい」を使ってみよう

今度は、バロック時代以前の「古い指づかい」を使って、同音連打（同音反復）に挑戦してみましょう。
主に、右手は「3-2」を、左手は「2-1」を用いることが好まれていたようです。

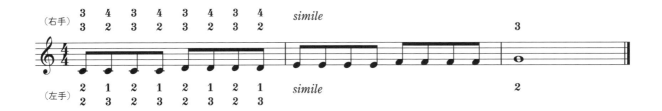

さまざまな「古い指づかい」については、29ページの ワンポイント を参照してください。
指をうまく変えてタンギングして弾けたかな？　「3の指」だけで弾いた時の音と、ぜひ聴き比べてみてくださいね！

重音で弾いてみよう

3度の重音でタンギングをして弾いてみましょう。

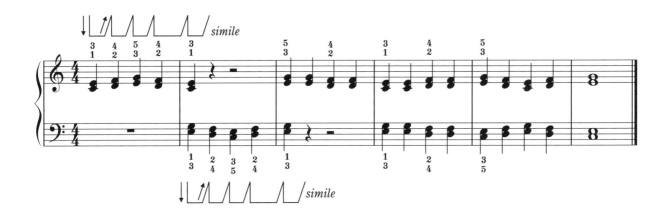

音価のコントロール

音と音の関係は、鳴っている時間と、鳴っていない時間によって成り立っています。

音を鳴らして、どのくらいの長さで鳴り止ませるのか、音の長さを表す「音価」を上手に表現しましょう。

右手と左手それぞれで、すばやいリリースを意識して、一定のテンポで弾いてみましょう。

「スタッカート」や「テヌート」などの記号と音価

音価の長さ(短さ)を表現する記号「スタッカート」「スタッカーティシモ」「テヌート」は、以下のような音価を目安に考えます。また、それぞれの音楽のテンポや表情によって、書かれた記号の音価も多様に変化させる必要があります。

左右の指ごとに、タッチとリリースのスピードを変えて、いろいろな音を表現してみましょう。

2 さまざまな音型と指づかい

バロックの鍵盤曲の中では、同じ音型が高さを変えて連続する時に、「同じ指づかい」を用いることが多くあります。
それによって、音型のまとまり、タンギングのニュアンスが統一され、音型やパッセージ自体が表現しやすくなるのです。
ここでは、特に代表的な2、3、4の指を用いた指づかいを学びます。

- ▶ 2つの音による音型は、指をペアにして鍵盤上で準備して弾きましょう。3つの音による音型でも同様です。
- ▶ 音型から次の音型に移る時は、指先が飛び上がらないように、次の鍵盤を触るイメージで、すばやく手首ごとスライドさせます。
- ▶ 手首は下げすぎず、むしろ少し持ち上げた状態で弾いてみましょう。その方が指先が鍵盤に触れやすくなるのがわかるでしょう。

ドリル

a. 2度の音型 「2-3」「3-4」それぞれの指づかいで弾いてみよう

b. 3度の音型 「2-4」の指づかいで弾いてみよう

c. 3つの順次進行音の音型① （「2-3-4」の指づかいで）

---

d. 3つの順次進行音の音型② （「2-3-4」の指づかいで）

ex. モティーフのリズムを変えて、さまざまな拍子やテンポでも弾いてみよう。

etc.

エチュード

嘆きのメヌエット

近藤 岳

となり合った2つの音の音型を用いた曲。バロック時代では、特に1小節目の右手のような「2度の下降音型（モティーフ）」の連続は"ため息（悲しみ）"の音型とも呼ばれ、「悲しみ」や「嘆き」などを表現していることが多くあります。メヌエットの拍感を大事に、3拍目が長く強い音にならないように心がけてください。

カノン〜バロックの指づかいで

近藤 岳

（トリル：a 音から）

（トリル：a 音から）

（トリル：d音から）

> **ワンポイント** 2つの音の音型、3つの音の音型がさまざまな形で登場しますが、曲全体はカノンの手法で書かれています。2分の2拍子の拍感を感じ、特に1拍目はいつも充実した音で弾きましょう。まず右手の先行するメロディーのキャラクターをしっかり整え、左手の追いかけるメロディーも同じ表現になるように練習してください。

書かれた指づかいで、拍や音型のまとまりを感じながら弾いてみましょう。

弾いてみよう

J.S.バッハ：主よ、人の望みの喜びよ BWV147
(1685-1750)
（ソプラノ旋律）

練習のヒント　音型ごとに区切りすぎないように、すばやく手首をスライドすることが大切です。

弾いてみよう

J.S.バッハ：前奏曲とフーガ ハ長調 BWV547
（冒頭部）

ワンポイント　**バロック時代以前の古い指づかい**
指づかいの歴史は古く、国や時代によってさまざまな指づかいが残っています。例えば、バロック時代（17、18世紀）には、次のような指づかいが多く使われていました。

特に2、3、4の指は「良い指」とされ、強い音や大事な音の「良い音」に「良い指」をあてることが一般的でした。現代的な指づかいとずいぶん違いますね!

以下は、バッハが残した指づかいの例です。

「フリーデマン・バッハのために書かれたクラヴィーア小曲集」より
J.S.バッハ：アプリカーツィオ BWV994

上記の指づかいの例は、バッハが長男であるフリーデマン・バッハの音楽教育のために残した曲集にあり、その中には当時使われていた装飾音符に関する表も載っています。ぜひ参考にしてください。

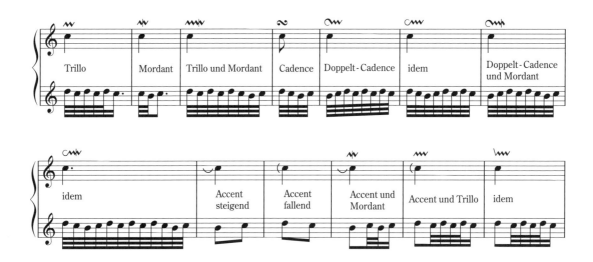

「フリーデマン・バッハのために書かれたクラヴィーア小曲集」より

3 すばやいパッセージ

細かい音価で書かれた音型やパッセージを、片手のすばやい移動や手の受け渡しを使ってスムーズに弾く練習をしましょう。32〜33ページで紹介するバッハの作品の中に登場する音型を使って学びます。

またこの項目は、先に登場した「さまざまな音型と指づかい」（26ページ）のドリル c、d の応用でもあります。4つの音による音型の連続が、よりスムーズになるように、手首の移動をすばやくしましょう。

ドリル

a.

b.

c. 手の受け渡し　上向きの符尾は右手で、下向きの符尾は左手で弾きます。

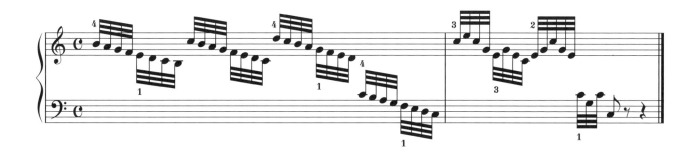

弾いてみよう

J.S.バッハ：トッカータ、アダージョとフーガ BWV564

（冒頭部）

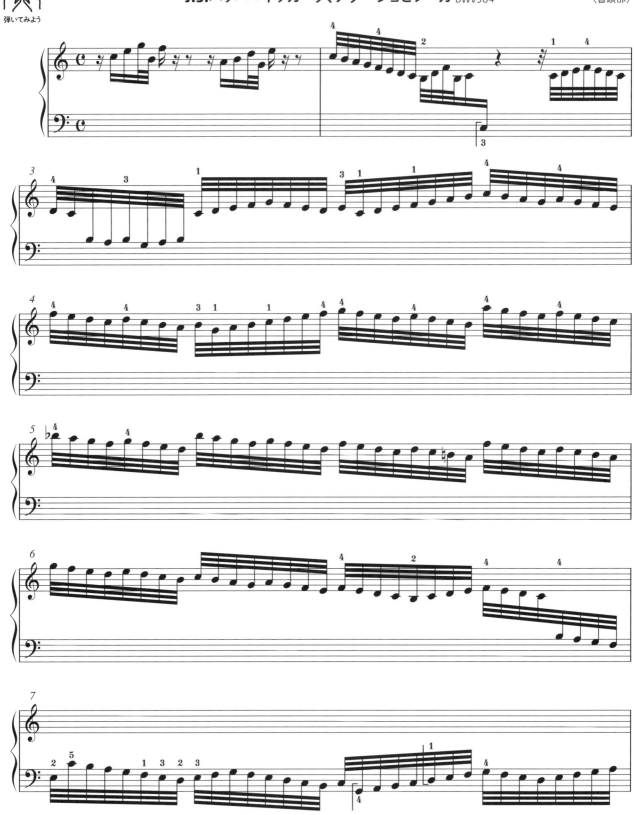

練習のヒント ①1声部で書かれていますが、和声の変化や転調を感じながら演奏しましょう。

②特に1小節目にはたくさんの休符があります。音符同様に、休符も音楽の重要な要素です。音の無い瞬間もしっかり表現しましょう。

③手の受け渡しにはさまざまな可能性があり、書かれた指示は一例です。皆さんも、表現しやすい方法を見つけてください。

ワンポイント　この作品は性格の異なる3つの楽章から成っています。バッハは、オルガンの鑑定士としても活躍していたので、オルガンが完成した時に、手鍵盤によるすばやいパッセージ、ペダルソロによる重厚な響き、手足の鍵盤が合わさった時にオルガンの風が十分に足りているかなど、その楽器がしっかりと機能するかを確かめるためにこの作品を演奏したと言われています。

弾いてみよう

G.ムッファト：トッカータ第5番

(1653-1704)

（冒頭部）

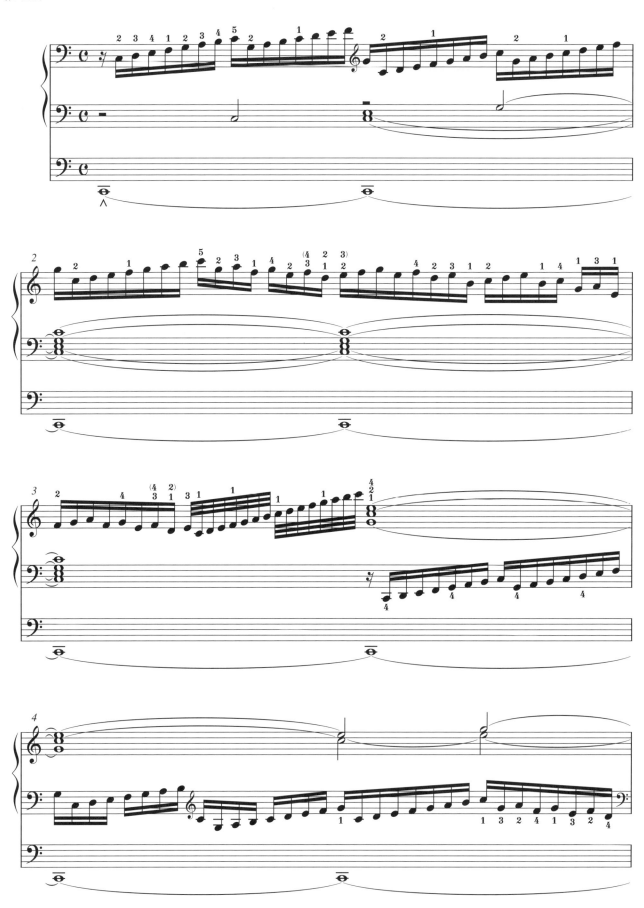

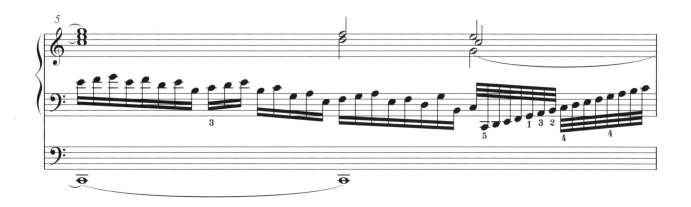

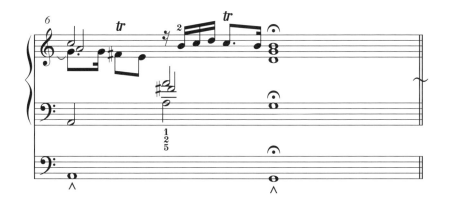

＊ペダルについては51ページ以降を参照のこと

練習のヒント

①まず、右手と左手を別々に練習します。
②手首のスライドをすばやくして、だんだん速いテンポで弾けるようにしていきましょう。

ワンポイント

ムッファトは、南ドイツで活躍したオルガニストで、フランスではJ-B.リュリ（1632-1687）に、イタリアでは
A.コレルリ（1653-1713）の元で学びました。フランスとイタリアの音楽を盛り込んだ新しい音楽様式を完
成させて広めた重要な作曲家です。

先生へ

南ドイツを代表する同時代の作曲家には、ムッファトの他にも、ローマでG.フレスコバルディ（1583-1643）
に師事したJ.J.フローベルガー（1616-1667）や、ローマでG.カリッシミ（1605-1674）に師事したJ.K.ケルル
（1627-1693）などが挙げられます。フーガを含むトッカータやカプリッチョ、パッサカリアなどの形式による
作品が多く書かれました。ペダル鍵盤の使用が少ないので、まだペダル鍵盤に慣れていない人も豊かな
対位法技法を学ぶことができます。

バロックの鍵盤音楽で、音型のまとまりに「スラー」が記されていることがあります。それらは、特に弦楽器の弓使い（ボウイング）に由来しており、音型を「ひと弓」で演奏することが鍵盤楽器に移し替えられたことを物語っています。

ここでは、実際の楽曲の例を演奏し、音価のコントロールやタッチとリリースのスピードを工夫して、ニュアンスに富んだ音の表情を学びましょう。

右のページの楽譜を見てください。バッハの有名な「目覚めよ、と呼ぶ声が聞こえ」BWV645 のソプラノ旋律とバス声部を使って、実際のアーティキュレーションを考えていきます。譜例中のスラーとスタッカートは、実際にバッハが書き込んだものです。

音型のまとまりを表現する

右手で弾くソプラノ旋律は、下のイメージ図をもとに弾いてみましょう。

①

もし、下のように弾くと…

②

①と②の譜例ではどのような違いがあるでしょう？
①の方が、スラーで書かれた音型のまとまりをより良く表現できます。
スラーでまとまった音型の「最後の音」は、書かれた音価よりも短めに弾き、柔らかいリリースをすると良いでしょう。

> ワンポイント　バロック音楽では、強拍・弱拍を明確に捉えて演奏することが大切です。
> 4拍子の場合は、1拍目が強拍で、3拍目はそれに準ずる強拍、2・4拍目が弱拍となります（3拍子の場合は1拍目が強拍、2・3拍目が弱拍）。
> 例えば、この作品の最初の8分音符「シ♭」はアウフタクト（弱起）なので、音価通りに弾いてしまうと、弱拍の性格が薄くなってしまいます。裏拍にある音も同じく、長く強く弾いてしまうと強拍のように感じられるので、拍節を意識しながら注意深く表現を考えましょう。

J.S.バッハ：目覚めよ、と呼ぶ声が聞こえ BWV645 （冒頭部）

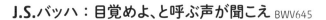

＊点線は、バッハの自筆譜には無いスラーですが、実際は他の箇所と同じように考えてください

練習のヒント　7小節目の3拍目などに見られる小さな音符は、前打音として扱い、拍頭に入れます。音価は、前打音が付いている音符の「半分の音価」を目安に弾きましょう。

弾いてみよう

① J.S.バッハ：おお、罪なき神の小羊よ BWV618　　　（冒頭部）

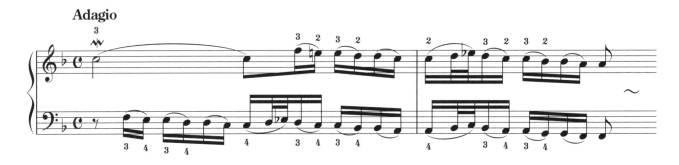

＊26ページの「さまざまな音型と指づかい」のドリルaを参照すること

② J.S.バッハ：我、汝を呼ばわる、主イエス・キリストよ BWV639　　　（左手声部）

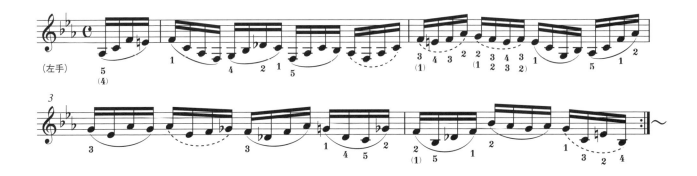

練習のヒント　バロック時代は、白鍵が短かったので、黒鍵に親指を使うことを避けて、主に長い指（2, 3, 4, の指）を用いる事がほとんどでした。短い親指を黒鍵に用いると、手の形が崩れてしまうことが多いため、なるべく長い指を使うように工夫しましょう。

弾いてみよう

① **J.S.バッハ：天にまします我らの父よ** BWV682　（冒頭のソプラノ・アルト声部）

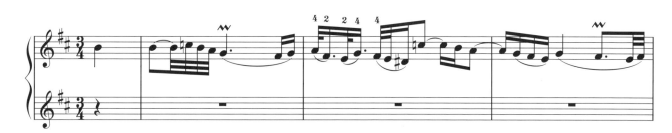

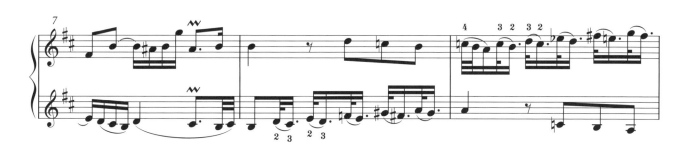

ワンポイント　2小節目などにみられる逆付点音形（ロンバルディア・リズム）とは、強拍に置かれた短い音符の後に、長い付点音符が続くリズムのことです。17世紀初期にイタリアで使われはじめ、のちに装飾法の1つとしても使われました。

② J.S.バッハ：『4つのデュエット』より 第4曲 BWV805 （第18小節～）

③ W.A.モーツァルト：小さなジーグ ト長調 K.574 （冒頭部）
(1756～1791)

5　ポリフォニー（多声音楽）── 声部の弾き分け

ポリフォニー（多声部）音楽を表現する上で、声部の弾き分けはとても重要です。片手の5指の中で、複数の旋律を同時に表現することもたくさん行われます。タンギングを伴った音の表現を、2声から練習していきましょう。

ドリル

2声

a. 各声部のタンギングに注意しながら、2声部を両手で演奏する

（「→」は、音価をしっかり保ちながら弾くことを表しています。）

b. 両手で弾いたaの譜例を、片手のみで演奏する練習

同じように弾けるかな？　カッコ内の別の指づかいでも弾いてみてください。

c. 拍子が変わり、少し音符が増えた課題

d. 上の声部と下の声部が模倣する音型

タイで伸ばされた「掛留音」が、無くならないように気をつけて演奏しましょう。

○で囲われた部分の響きをよく聴いて！

e. 指の置きかえを使って弾く練習

次の音の準備と声部の動きを意識するために、しばしばこのような指づかいで演奏することもあります。

f. 左手：2通りの指づかいで弾く練習

前ページのdとeのように、今度は左手で弾いてみましょう。

指づかいは1種類だけではなく、演奏する人の手の大きさや、指の長さによって変わります。

また、音楽のテンポや曲想に応じて、どの指づかいが一番良い音を表現できるか、そのつど考えていくことがとても大切です。

片手で2声を表現する

弾いてみよう

① J.S.バッハ：協奏曲 イ短調 第2楽章 BWV593　　　　（第13小節〜）

② J.S.バッハ：最愛のイエスよ、我らここに集いて BWV731 （冒頭のアルト・テノール声部）

---

a. 2声のドリルaに、もう1声部を加えた練習

b. 2声のドリルdとfに、もう1声部を加えた練習　2声の指づかいをヒントに、指づかいを考えましょう。

弾いてみよう

D.ブクステフーデ：暁の星のいと美しきかな BuxWV223
（1637-1707）

（冒頭部）

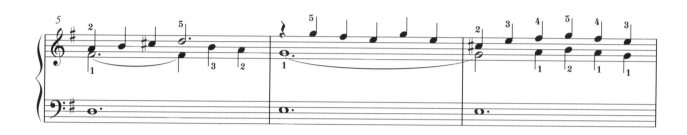

練習のヒント
① 4分音符のまとまりを感じて演奏しましょう。
② タイで伸ばされた音が、他の声部が動いている時に消えてしまわないよう、しっかり聴きましょう。
③ 左手声部はペダルでも演奏ができます。その場合、上の2声部を両手で演奏できるので、より対話がしやすくなりますね。

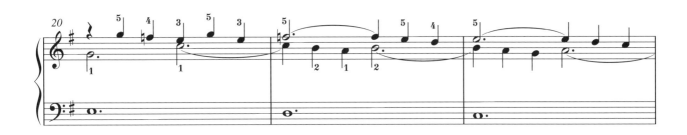

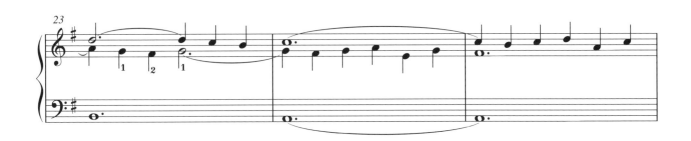

この曲は、クリスマスの時期に歌われる讃美歌（コラール）を基にした作品です。ブクステフーデに代表される、北ドイツ・オルガン楽派の作曲家たちが多く用いた「コラール幻想曲」という形式で書かれています。この曲の場合は、まず左手にコラール定旋律が現れ、続いて、コラールがいろいろな形で展開していきます。

4声

a. 右手3声部+左手1声部　美しい掛留音（タイで伸ばされた音）がもたらす和声にも耳を傾けてください。

b. aと同じソプラノ声部を使って、各手で2声部ずつ演奏する

上のドリルaとbは、特にフランス古典期の音楽に特徴的な響きです。この後に登場するギランのプレリュード（48〜49ページ）にも見られます。

4声で書かれた讃美歌

さて次に、4声部で書かれた讃美歌を2つ紹介します。

どちらも、クリスマスの時期に歌われる同じコラールのメロディーを使っていますが、和声が違うことがわかりますね。

弾いてみよう

讃美歌101番「いずこの家にも」

(M.ルター作曲)

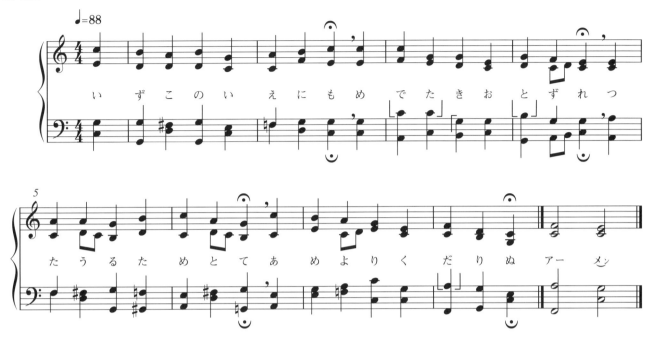

い ず こ の い え に も め で た き お と ず れ つ

た う る た め と て あ め よ り く だ り ぬ アー メン

(日本基督教団讃美歌委員会 編『讃美歌・讃美歌第2編』日本基督教団出版局)

J.S.バッハ：高き天より我は来たれり

(クリスマス・オラトリオ BWV248 より)

コラールに使われるフェルマータは、"その音を十分に伸ばす"という意味と異なり、「フレーズの終わり」を示しています。次のフレーズを歌い出す前にブレスをして演奏しましょう。
ワンポイント

J-A.ギラン：『第二旋法によるマニフィカト』より「プレリュード」
(c.1680-c.1739)

弾いてみよう

ギランは、フランス古典期を代表する作曲家・オルガニストです。この時代のフランス音楽の特徴として、オペラの影響を受けた楽想、豊かな和声、多様な装飾音符、イネガル奏法などがあげられます。イネガル奏法とは、となり合った音を不均等(Inégal)な音価で演奏することを言います。曲のなかに優美さ、動き、抑揚を与え、より生き生きと表現するために用いられました。

①掛留音（タイで伸ばされた音）や前打音によって生まれるハーモニーに耳を傾けながら、流れるように演奏しましょう。

②装飾音（トリル）がたくさん出てきますが、なるべく同じ性格のトリルが続かないように気をつけます。歌う事を意識して、最初の音を伸ばしたり、速度を変えてみたり、回数を変化させることも有効です。

③この時代に活躍したダングルベールが書き残した一覧表が残っているので、下記の表を参考にしながら、装飾音のいろいろな可能性を学びましょう。

ジャン＝アンリ・ダングルベール（1629-1691）による装飾音一覧

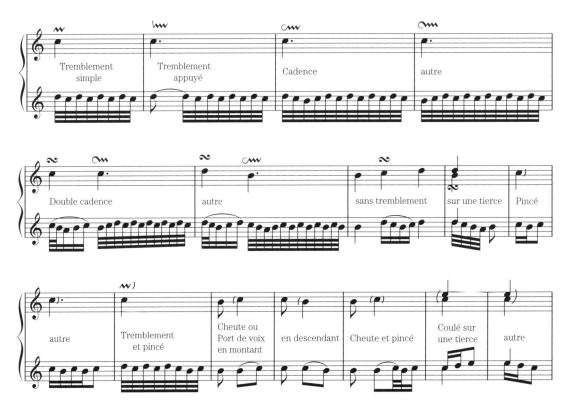

先生へ

フランス古典期の音楽は、「良い趣味 Bon goût」での演奏が求められます。その定義は曖昧で、言葉として残っているものはほとんど存在しないので、オルガン作品だけでなく、その時代の世俗的な作品やその他の楽器のための作品を知ることが助けになります。リュリのオペラ、ラモーやクープランのクラヴサン作品なども併せて聴いてみてください。

1 つま先によるタンギングと音価のコントロール

この章では、主につま先を使ってペダルを演奏します。手鍵盤で練習したタンギングと同じように、足でもタンギングしてみましょう。

▶ 下図の足の形を真似して、左足のつま先が中央の「ド」、右足つま先が中央の「ファ」の辺りに乗るように足を置いてみてください。足が左右に開くときは、下図のようにつま先を外に向けて移動させましょう。

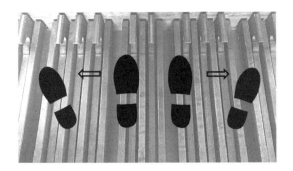

▶ ペダルは、くるぶしを使って足先を動かし、パイプに風を送る弁を開け閉めするイメージで弾きます。

▶ まず、つま先を鍵盤に乗せて、鍵盤に触れたままタッチします。この時になるべく膝を使わずに演奏できるように心掛けましょう。

▶ 音を鳴り止める時は、かかとが上がり過ぎないように注意しながら、触れた状態で鍵盤を元の位置に戻します。

足先が鍵盤から大きく離れたり、かかとが極端に持ち上がったり、足首がよじれたりしないように！

▶ 弾き終わったらその鍵に留まらないで、すばやく次の音へ足を移動させて準備するように心掛けましょう。

▶ 両足が低音域や高音域に移動する時は、上半身は前を向いたまま、足の付け根からその方向に向けるようにします。曲の次の展開を考えて、なるべくすばやく移動をすることがポイントです。

♩=60のテンポで

a. 音符上側の「∧」は右足のつま先、下側の「∧」は左足のつま先を表します。

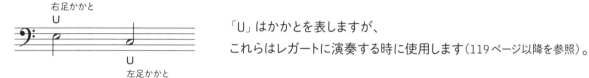

「U」はかかとを表しますが、
これらはレガートに演奏する時に使用します（119ページ以降を参照）。

b. 音価（音の長さ）に気を付けて、いろいろな長さで演奏してみましょう。右足・左足それぞれのつま先を使って練習します。

c. 音価をコントロールする練習

d. ドリルcの弾き方を参考にしながら、下記のスタッカートとテヌートを表現してみましょう。

エチュード

時報ファンタジー

梅干野安未

ピッ　ピッ　ピッ　ポ————ン

練習のヒント

①まずは、ペダルだけ、手鍵盤だけで練習します。

②ドリル c と d の練習を活かして音の長さをコントロールします。音を鳴り止める瞬間をきちんと意識することが大切です。

③最後は左手が右手をすばやく飛び越すように演奏します。手の動きをなるべく小さくするとうまくいくでしょう。

　　m.d.=mano destra（伊）右手　　m.s.=mano sinistra（伊）左手

ワンポイント

ラジオを聴いたことがある人なら一度は耳にしたことがある時報の音。時を告げる「ラ」の音を使ったファンタジーです。みなさんも1つの音を用いて、いろいろなリズムで遊びながら、自分だけの時報ファンタジーを作ってみませんか？

2　両足のつま先によるタンギング

両足のつま先を交互に使って演奏します。
手鍵盤の奏法と同じように、タッチとリリースを確認しながら、鍵盤から足を離さずに移動していきます。
足元やペダル鍵盤を見ないで弾き、さまざまな音程感覚を身につけていきましょう。

ドリル

♩＝60のテンポで

はじめのうちは両手をオルガンの椅子や鍵盤の端に置いて、体を安定させて練習してください。

a1. 左右同時にゆっくりと　次の音に移る時になるべくすばやく、横にスライドさせます。

a2. 左右交互に

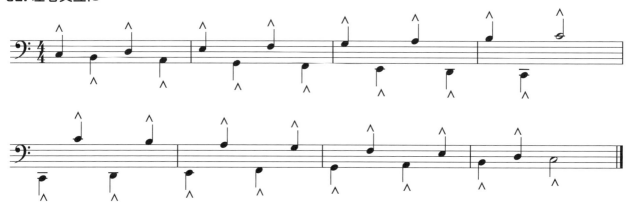

b. 音価に従って、左右の足を交互に動かす

　6度までの音程感覚を身につけましょう。

　できるようになったら、ニ長調や変ロ長調など、他の調でも弾いてみてください。

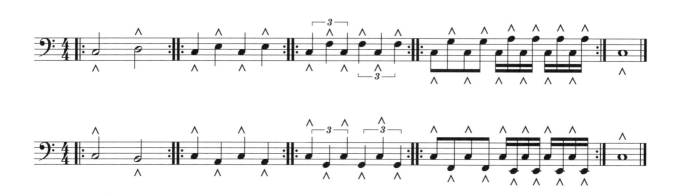

c. 2,3度の練習　高音域や低音域を演奏する時には、座る位置（お尻の位置）を変えないように注意します。

d. 3度の練習

e. 3, 4度の練習

f. 3, 4, 5, 6度の練習①

g. 3, 4, 5, 6度の練習②-1

h. 3, 4, 5, 6度の練習②-2（黒鍵を含む）　上のドリルgが短調になっています。

i. 足を交差させる練習　左右の足をすばやく交差させて演奏します。

j. スラーのついた音型　スラーのついた2つ目の音の音価を少し短めに、柔らかくリリースしましょう。

グーチョキパーでなに作ろう?

梅干野安未 編

練習のヒント

①まず最初はペダルだけで、ゆっくりとアーティキュレーションに注意しながら弾きます。

②次に、右手を加えます。和音を伸ばすだけですが、一緒に弾くと体が安定しますね。

③できるようになったら左手も合わせて。(難しかったら、左手は先生に弾いてもらおう!)

④ニ長調や変ロ長調など、他の調でも演奏してみましょう。

ワンポイント

日本の手遊び歌として親しまれている「グーチョキパーでなに作ろう?」は、17世紀頃から伝わるフランス民謡『フレール・ジャック Frère Jacques』(ここでのフレールFrèreとは修道士のこと)が原曲と言われています。ペダルのパートに置かれたこのメロディーは、2小節ごとに追いかけていく「カノン」として左手に現れ、輪唱することができます。

響け! ティンパニー

近藤 岳

Moderato con brio

f sempre marcato

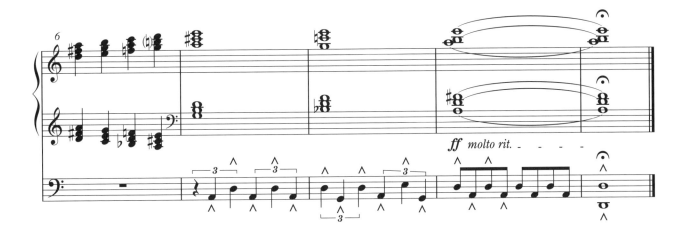

ff molto rit. - - - -

練習のヒント

①両手の和音は、タッチとリリースのタイミングがそろうように、縦の響きを意識して練習してください。
②2拍3連のリズムは、このように分割して練習するといいでしょう。

【分割の仕方】

（基本の拍）

ワンポイント 近代的な響きがするファンファーレのような曲想です。ペダルのモティーフはティンパニーが演奏するような音型に見立てて書かれており、この曲のタイトルの通り堂々と演奏してください。足全体を振り上げてバタバタと弾かないように、つま先は常に鍵盤に乗せて準備した状態で弾いてください。慣れてきたらペダルもmarcatoで。最後のmolto rit.はぜひたっぷりと! ドラマティックに表現してください。

3 さまざまな音型とペダリング

「ペダリング」とは足づかいのことです。

ここでは、先に練習したことを活かして、次の①～④にあげた実際の曲のペダルパート（抜粋）を音楽的に演奏してみましょう。

① G.ベーム：前奏曲 ハ長調
(1661-1733)
（冒頭部）

弾いてみよう

② J.S.バッハ：トッカータとフーガ ニ短調 より「フーガ」 BWV565　　（第109小節～）

③ J.S.バッハ：幻想曲とフーガ ト短調より「フーガ」BWV542

(第29小節～)

④ F.メンデルスゾーン：ソナタ第6番 op.65-6
(1809-1847)

(第54小節～)

ワンポイント　ペダリングにはたくさんの可能性があり、ここで紹介したのはあくまでも1つの提案です。作品が書かれた国や時代、作曲家の様式によっても違います。特に、④のメンデルスゾーンは、かかとを使ってよりなめらかに演奏することもあるので、演奏したいフレーズやアーティキュレーションの表現に適したペダリングを自分でも探してみましょう。

先生へ　ペダルソロのための練習曲としては、J.S.バッハの「ペダル練習曲」BWV598が有名です。次男であるカール・フィリップ・エマヌエル（1714-1788）が父の即興を書き起こし、その断片のみが伝えられています。その他には、J.S.バッハの「前奏曲とフーガ ハ長調 BWV531」や「トッカータ、アダージョとフーガ ハ長調 BWV564」の冒頭部、D.ブクステフーデの「前奏曲 ハ長調 BuxWV137」や「前奏曲 ホ短調 BuxWV143」の冒頭部も、ペダルソロの練習に適しています。

§3 バロックのさまざまな音楽要素

これまでのまとめとして、手とペダルのさまざまな組み合わせを、以下の曲の中で練習していきましょう。

2段の鍵盤とペダルで

① J.S.バッハ：主よ、人の望みの喜びよ BWV147

近藤 岳 編

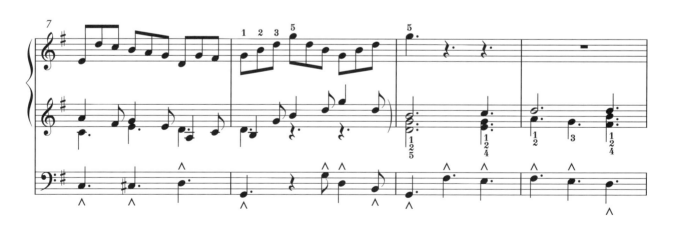

ワンポイント この曲はよくオルガンや他の楽器で演奏されますが、原曲はバッハが作曲したカンタータBWV147『心と口と行いと生活で』の中で歌われるコラール合唱曲です。その合唱の部分は9小節目から左手に現れます。このバージョンは短縮版ですので、この曲だけでなく、カンタータ全体を聴いてみてください。

＊（　）の中の音符は弾かなくても構いません

② リューベックの旅

（北ドイツ・バロックのトッカータ形式で）

梅干野安未

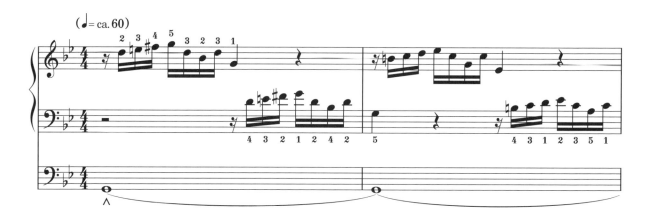

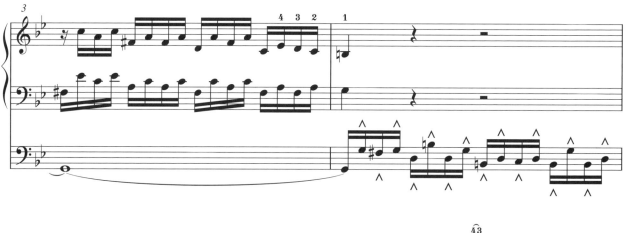

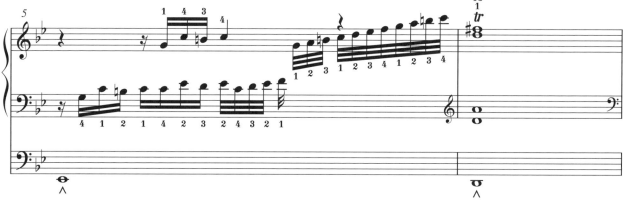

ブクステフーデは、北ドイツの街・リューベックの聖マリア教会でオルガニストをしていました。当時、北ドイツはハンザ都市として栄え、多くの手鍵盤とペダル鍵盤を持つ大オルガンがたくさんあり、優れた作曲家が大勢活躍しました。それを北ドイツ・オルガン楽派と呼び、幻想様式（スティルス・ファンタスティクス）による作品が多く残されています。ペダルソロ、躍動する音型、即興的な要素、フーガなどの対位法的な楽章などが特徴です。若きバッハはブクステフーデの演奏を聴くために、徒歩でリューベックの街に向かい、彼の音楽に衝撃を受けました。この作品は、そのトッカータの始まりをイメージして作られています。

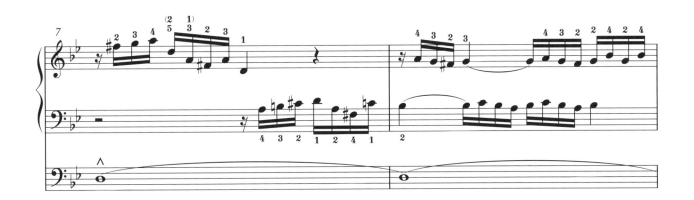

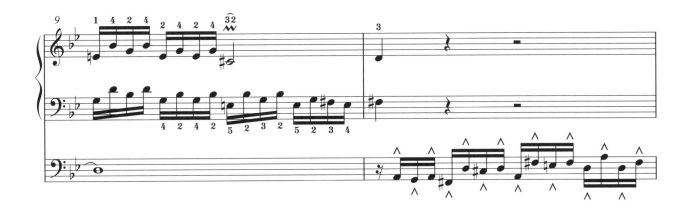

 北ドイツ・オルガン楽派には、ハンブルクの聖カタリナ教会のオルガニストH.シャイデマン(c.1596-1633)、同じくハンブルクの聖ヤコビ教会のオルガニストM.ヴェックマン(1619-1674)、バッハ家とも交流があったG.ベーム(1661-1733)、ブクステフーデの愛弟子と言われたN.ブルーンス(1665-1697)など、他にも多くの作曲家の名前を挙げることができます。

③ G.フレスコバルディ：『音楽の花束』より「トッカータ（主日のミサ）」
(1583-1643)

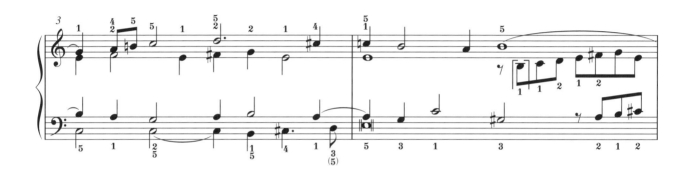

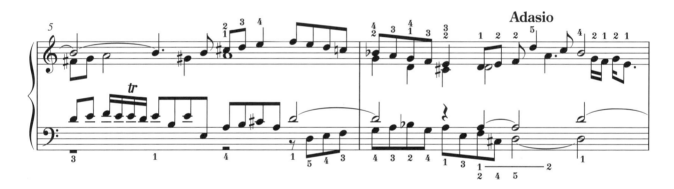

「音楽の花束 Fiori Musicali」は、1635年にヴェネツィアで出版されました。カトリックの3つのミサで使用されるミサ曲で、グレゴリオ聖歌と交唱で演奏されます。フレスコバルディ自身による序文には「すべてのトッカータのはじまりは、たとえ8分音符で書かれていても、ゆっくりと弾きはじめ、曲が進むにつれて、曲の性格に沿ってテンポを上げると良い。」と書かれています。

ワンポイント

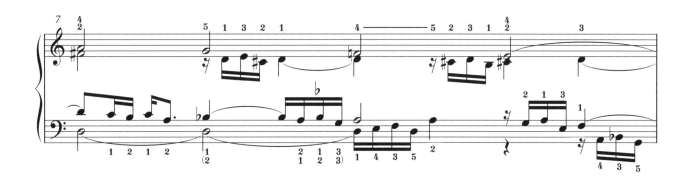

練習のヒント
①Adasioの箇所は、自筆譜には「Adasio, Alegro」とあります。Adasio（Adagio）ではテンポをぐっと落とし、7小節目の16分音符の音型をきっかけに、次第にAlegro（Allegro）へとテンポを上げていきましょう。
②最後の和音は十分に伸ばします。ペダルで最低音を補充しても構いません。

先生へ
この曲集のオリジナルは4声の総譜（スコア）で書かれました。序文の中でフレスコバルディは、作品の内容をより深く学ぶため、スコアで各声部を追いながら譜を読む大切さを重視し、あえてスコアで出版する意味を説いています。ぜひ見てみてくださいね！

④ **J.P.スウェーリンク：「我が青春はすでに過ぎ去り」より テーマと第3変奏** （抜粋）
(1562-1621)

3. Variatio

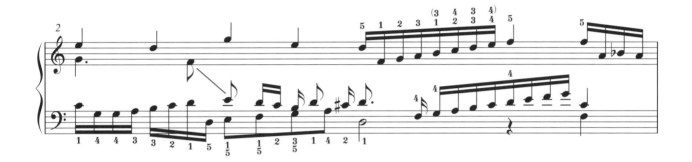

北ドイツ・オルガン楽派の父と呼ばれるのが、オランダのオルガニスト、スウェーリンクです。アムステルダムの旧教会で活躍しました。鍵盤技術を飛躍的に高め、主に詩篇や世俗歌を用いた変奏曲が有名です。器楽作品だけでなく、モテットなどの声楽作品もぜひ聴いてみてください。

できるだけ「古い指づかい」（29ページを参照）を用いて弾いてみましょう。

ワンポイント

次に紹介するJ.S.バッハの「フーガ ト短調」BWV578について、曲のワンポイントとともに、楽譜の中に書き込んである「主題」「応答」「対主題」とは何かをここで説明しておきましょう。

「小フーガ ト短調」のニックネームでおなじみのこの作品は、器楽的な性格で、弓を返しながら演奏するような美しい旋律の主題を持っています。フーガとは、イタリア語で「遁走（とんそう）＝逃げる」のこと。旋律と旋律の重ね方の技法である「対位法」を主体とした楽曲形式のことです。

ワンポイント

先生へ

フーガの主題

1) 主題（または主唱）　Sujet＝S.

応答（または答唱）　Réponse＝R.

⇒主題を5度上、または4度下に移調したもの

2) 対主題（または対唱）　Contre-Sujet＝C.S.

⇒常に主題(S)と対になって登場し、主題と異なる音楽的性格を持つ旋律

ここでは主題提示部を掲載していますが、この部分は以下のように作られています。

①最初に1つの声部が主題を提示し、別の声部で主題を繰り返す

②主題(S.)、応答(R.)、対主題(C.S.)が、以下の声部の組み合わせで展開される

　　　ソプラノ S　→　アルト R　　　→　テノール S　→　バス（ペダル）R

　　　ソプラノ C.S.　→　アルト C.S.　→　テノール C.S.

⑤ **J.S.バッハ：フーガ ト短調** BWV578　　　　　　　　（冒頭の主題提示部）

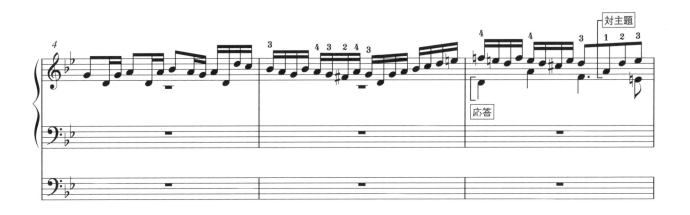

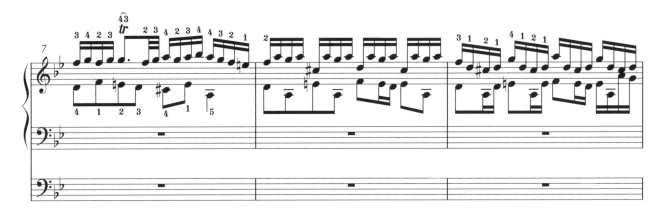

⑥ L-C.ダカン：ノエル第10番 グラン・ジュとデュオ

(1694-1772)

（冒頭部）

フランス古典期には、クリスマス（ノエル）の民謡を使った変奏曲「ノエル」という形式が大流行しました。ダカンはパリのノートルダム大聖堂のオルガニストを務め、多くの「ノエル」を残したことで有名です。この「グラン・ジュとデュオ」は、リード管による大合唱（グラン・ジュ）と2声部の掛け合い（デュオ）が交互に現れます。ここでは、順次進行の8分音符をイネガルで演奏しましょう。音色は右記のように組んでみてください。

* 「Reprise 2 fois」は「繰り返し」の意味
* 「+」はここではパンセ（Pincé）と同じ装飾音（50 ページを参照）

テーマ1 ── 細いリード管（クロモルヌなど）を使って1段鍵盤で。
第1変奏 ── 2段の鍵盤でのデュオ。右手にはコルネ、左手には細いリード管を用いて、対話しましょう。
テーマ2 ── 1段鍵盤で。リード管を中心とした「グラン・ジュ」の響きで、華やかに演奏します。

B
ノン・アーティキュレーテッド奏法
（レガート奏法）
ヴォカリーズで歌うように

§1　手の奏法

メロディーや和声を、歌うように演奏する奏法を学びます。前項の A とはうって変わって、特にロマン派以降の音楽に登場する、息の長い大きなフレーズを「タンギングせずに」表現するために、パイプの音の鳴らし方も変化させます。この B では、まず5本の指が隣り合った「順次進行」の表現から始めて、徐々に弾く音の音域が拡大していった場合にどのような手の奏法を用いるのかを、順序立てて説明していきます。

1　5本の指の中で①　── 単音

レガート

今弾いている音と、次の音を「切れ目なし」につないでいきます。例えば、紙と紙をすき間なく並べてテープでつなげるようなイメージです。右手・左手それぞれで弾いてみましょう。

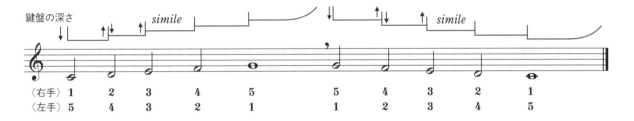

指を上下に振る動きが大きくならないように、鍵盤に指を付けたまま、なめらかに演奏しましょう。

オーバーレガート

レガートをもっと強調する場合に、音と音をほんのわずかに重ねて弾くこともあります。例えば、紙と紙を重ねて「のりしろ」で貼り付けたイメージです。

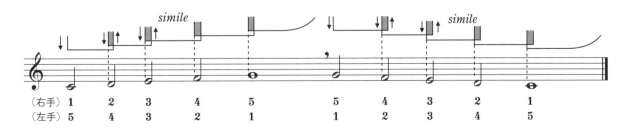

音符に書き直すと以下のようになります。

あまり「のりしろ」の部分が大きいと、にごって聞こえるので、ほんのわずかに重ねます。

リリースする時は、静かに小さな動きで鍵盤を戻しましょう。何よりも「音をつなげたい気持ち」を持つことが大切です。

音楽の表現の中で役立ててください。

上記の「レガート」と「オーバーレガート」の譜例を弾き比べ、よく聴きながら練習してみてくださいね。

各指の独立

レガートを上手に弾くためには、各指の独立も大変重要です。

となり合った5本の指がそれぞれ美しくつながり、スムーズに動くように、特に動きにくい4と5の指（弱指）を無理なく思い通りに動かせるように練習していきましょう。

ドリル

► 鍵盤上に5本の指を乗せた状態で、手首をリラックスさせて弾いてみましょう。

► 指の付け根がへこまないように。手の形は手のひらの中のボールをやさしくつかむようなイメージで。

► 5の指（小指）を弾く時は、小指全体の側面で弾かないようにして、指をしっかり起こした状態で弾きましょう。

► テンポはゆっくりから始めて、少しずつ上げていきます。繰り返しの回数も自由に行ってください。

► できるようになったら、ニ長調や変ロ長調、ハ短調などでも弾いてみましょう。

a.

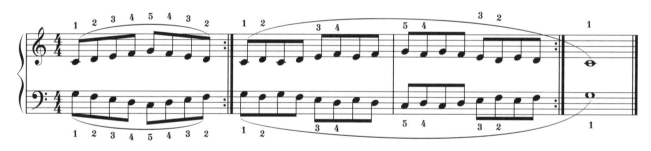

b.   「5-4」のための   「3-4」のための

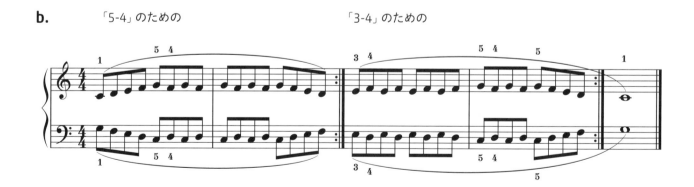

c.

d.

エチュード

カノン

近藤 岳

鏡とわたし

近藤 岳

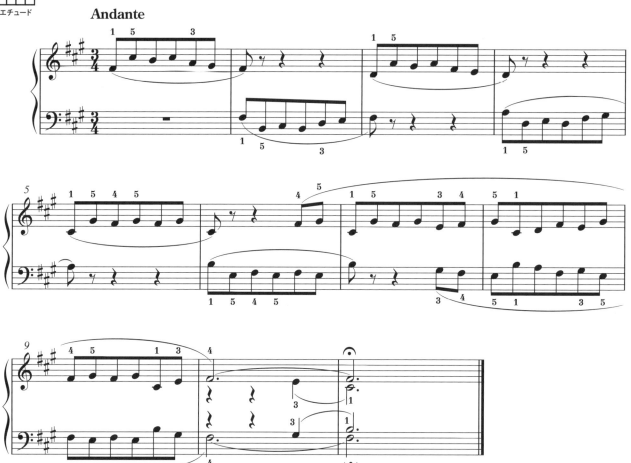

鏡の前の「わたし」と、別な動きをする「もう一人のわたし」のディアローグ（対話）。右手と左手のシンメトリーの動きを鏡に見立てています。最初はそれぞれ互い違いになっていますが、少しずつ重なっていきます。イ短調ではないエオリア旋法（Laの旋法）の響きが、どこか不思議で懐かしい印象を与えます。

ふしぎなオルガン

近藤 岳

2分の2拍子らしく表現します。手回しオルガンから聞こえてくるような、楽しげで可愛らしい雰囲気で。
リディア旋法（Faの旋法）が少しずつ高さを変えていく、古さと新しさが合わさった響きの曲です。

2　5本の指の中で②　── 重音

5本の指の中で演奏しやすい3度と4度、5度の連続による重音奏です。
ここでも各指の独立や弱い指の強化を目的とし、レガートでの無駄のない動き、手首の柔軟性を身に付けます。

ドリル

▶ 重なる2つの音は、ピタッと音がそろうようにしましょう。

▶ 指先を大きく振る力だけで弾こうとせず、鍵盤に2つの指が触れた状態から弾けるようにしましょう。

▶ 手首を上手に使ってください。弾く時に力が入り、手首が下がりすぎないように。

▶ 次の音を準備する時に、手首を少し持ち上げるようにして指先を助けるイメージで弾きましょう。その時、決して肘が
フワフワと浮かないように。あくまで手首の柔らかさを使います。

▶ テンポはあまり早くしすぎずに、重なる音の響きをよく聴き、指や手首の使い方を確認しましょう。

a. 3度奏

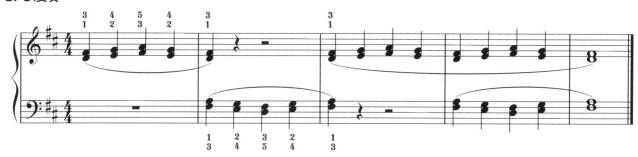

b. 3度奏の連続

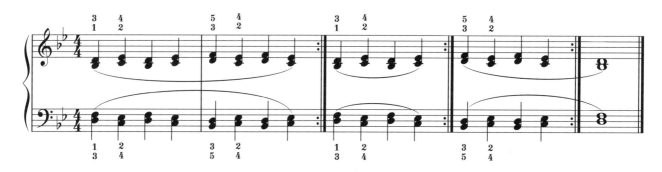

c. 4度奏

d. 4度奏の連続　　　　　**e. 5度奏**

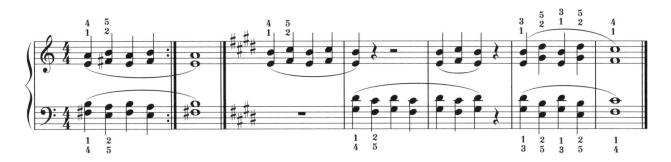

そよ風

近藤 岳

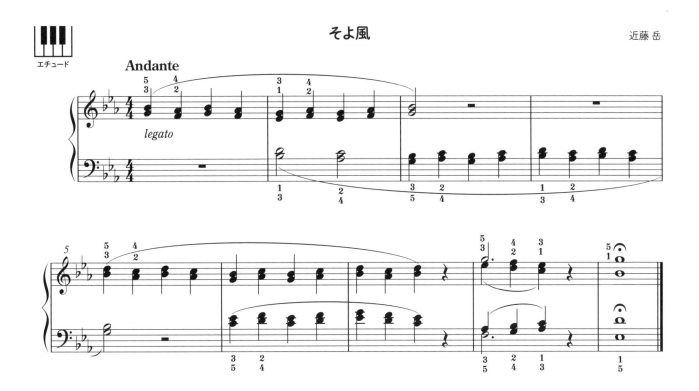

右手・左手の3度奏のそよ風が6小節目に合わさります。
「7の和音」「9の和音」の響きを味わいながら弾きましょう。

ワンポイント

おとぎ話

近藤 岳

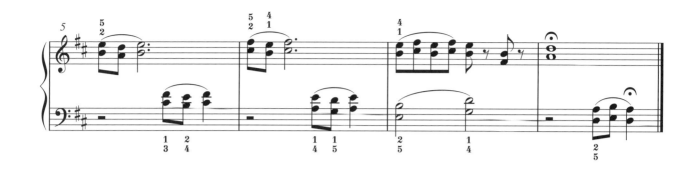

> **ワンポイント** となり合った4度と5度を、指先だけでなく手首を柔らかく使って演奏してください。7小節目の左手は、5度音程が3度跳躍するので、より一層手首を柔らかく使いましょう。5音音階（ペンタトニック）や4度や5度が積み重なった和音を用いているので、どこか東洋的な響きがするかもしれません。

---

3 広がる音域① ── 「指ひろげ」と「指の置きかえ」

指ひろげ

これまでは、各音が隣り合っていましたが、今度は少しずつ音域が広がり、指と指の音程が徐々に開いていきます。
次の音に移る時に、指先だけで弾こうとせず、手首を柔らかく使って演奏します。その時、肘が外側に広がらないように注意しましょう。

ドリル

a. 3度

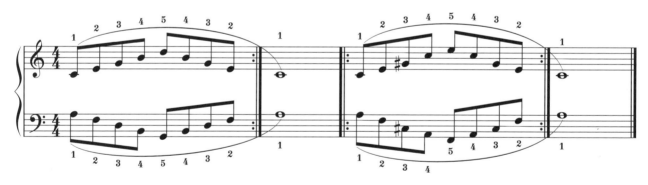

b. 4度   **c. 5度**

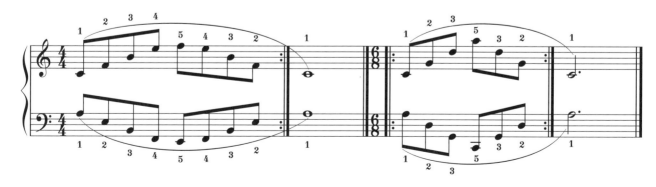

夢の中へ

近藤 岳

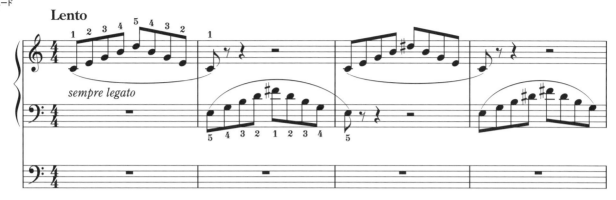

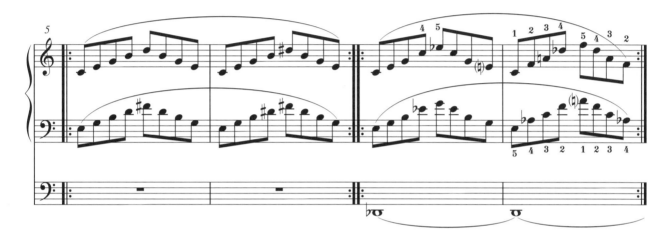

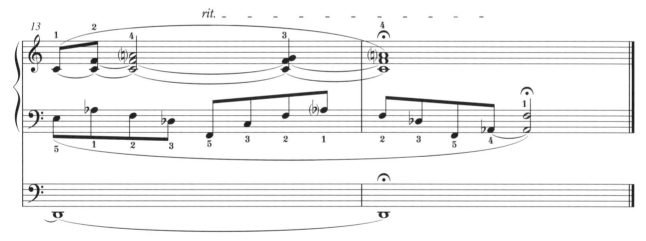

ワンポイント 8分音符の音型が繰り返され、音が少しずつ変化していきます。ドリル同様、指と指の間隔が大きく開きますので、指だけで弾こうとせず、手首を上手に使って、次の音に指先を運ぶように演奏してください。だんだんと眠りに落ちていく雰囲気を、不思議な音づかいと、繰り返される音型で表現しています。

弾いてみよう

R.シューマン：『カノン風練習曲』より 第1曲 ハ長調 op.56 -1
(1810-1856)

(冒頭部)

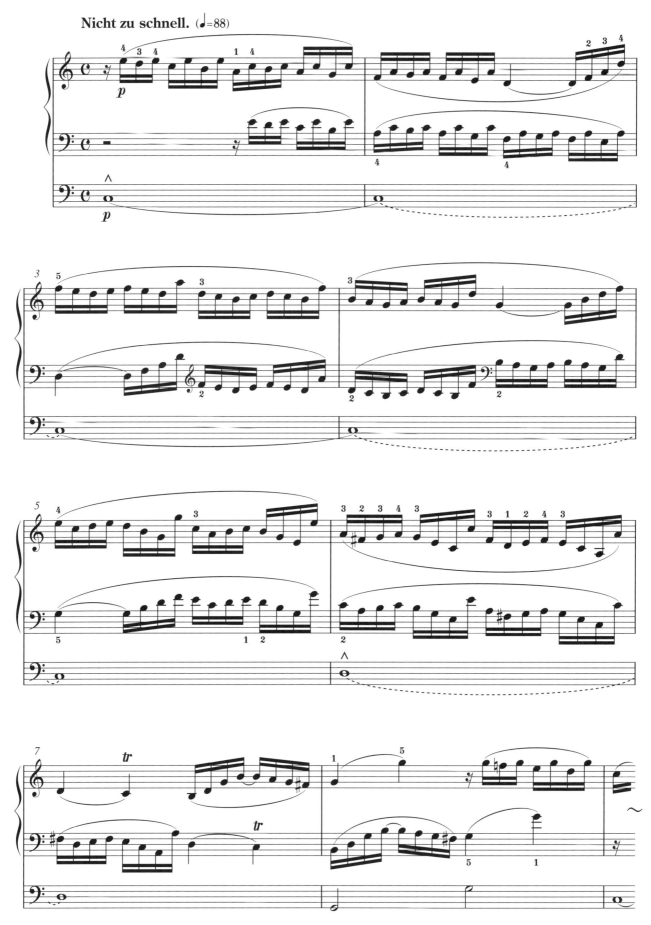

① Nicht zu schnell（独）とは「速すぎないように」という意味です。
② 右手と左手は1オクターヴのカノンで書かれています。まずは片手ずつゆっくりと練習してください。
③ 手首を柔らかく使って、指をよく広げながら弾きましょう。

練習のヒント

この作品は、6曲から成る『ペダル付きピアノのためのカノン風練習曲』の第1曲目です。「ペダル付きピアノ」とは19世紀にドイツやフランスのサロンで大流行した楽器で、名前の通りペダル鍵盤の付いたピアノです。そのため、オルガニスト達のための練習楽器としても活躍しました。

ワンポイント

2-3小節目、4-5小節目などにまたがる点線について、ペダル付きピアノで演奏する時には音が減衰するので弾き直しが必要になりますが、オルガンで演奏する場合は音が持続するので、タイにしても構わないという意味でこの本ではタイの記号を付け加えました。

先生へ

指の置きかえ

さらに広い音程をレガートで弾く場合、指の置きかえをします。
音が途切れないようにスムーズに指を置きかえてください。

ドリル

単音による指の置きかえ

a. 2-1の置きかえ　　　　　　　　　　　　**b. 3-1の置きかえ**

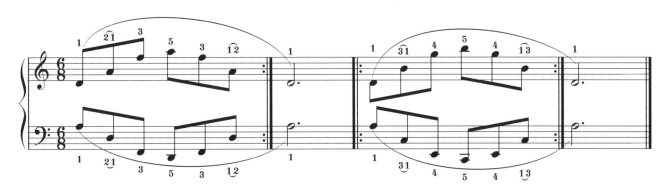

c. 4-1の置きかえ　　　　　　　　　　　　**d. 5-1の置きかえ**

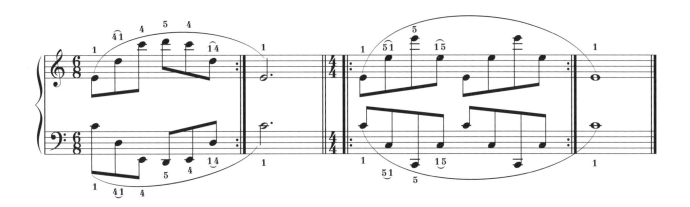

想い出のブランコ～2つの鍵盤で

近藤 岳

① 左手は、最初の2小節のモティーフが繰り返し現れます。何度も弾いて覚えてしまいましょう。
② 肩や手首の力を抜いて、指ひろげと置きかえを意識しながら、2つのブランコの揺れをイメージして弾いてください。

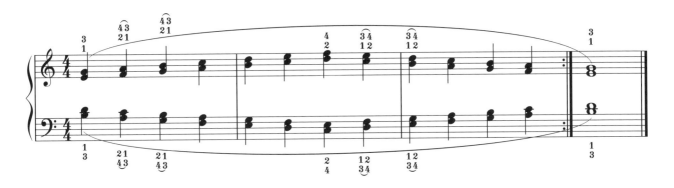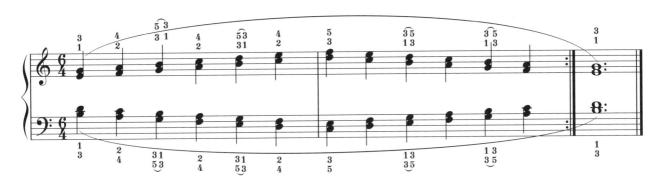

重音による指の置きかえ

広い音域にわたる３度奏をレガートでつなげて演奏する時、両方の指を同時に置きかえて次の音に備えます。
指の置きかえをスムーズに行うために、まずはゆっくり練習しましょう。

___

ドリル

___

a. 3度奏

2-1,4-3 の置きかえ

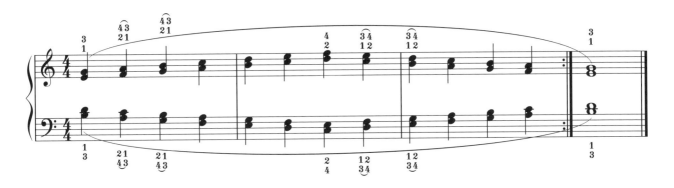

5-3,3-1 の置きかえ

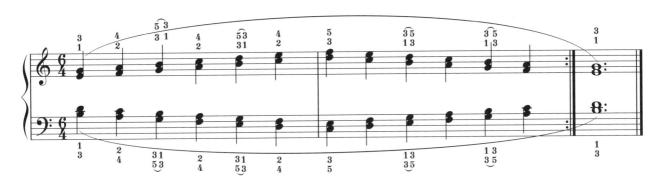

b. 4度奏

2-1, 5-4 の置きかえ

c. 5度奏
2-1, 5-4の置きかえ

d1. 6度奏
2-1, 5-4の置きかえ

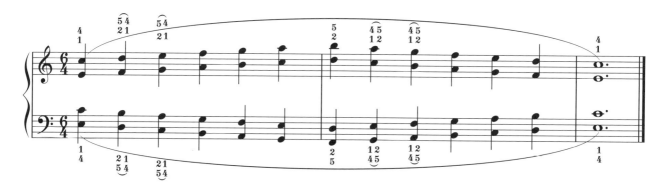

d2. 1の指のすべらしと5-4の置きかえ

別の運指でも弾いてみましょう。1の指はすべらせます。

和音奏

3つの音の指を置きかえるタイミングをずらして、次の和音に備えます。手首を柔らかく使って弾きましょう。

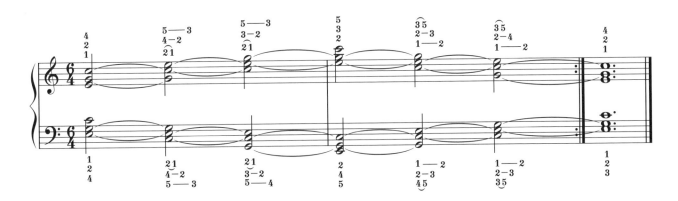

フレール・ジャックの朝

近藤 岳

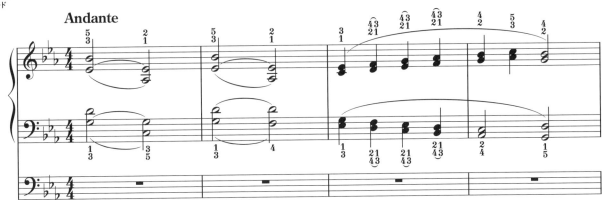

> 58ページでも使われた同じメロディー（ジャック修道士が朝のお勤めの鐘を鳴らす様子を歌ったフランス民謡）をもとにしたエチュードです。鐘の音を連想させる音形や、5度や6度が重なって生まれる独特な和声を感じながら弾いてください。
> **ワンポイント**

弾いてみよう

L.ヴィエルヌ：『自由なスタイルによる24の小品』より「子守唄」op.31-19

(1870-1937)

（冒頭部）

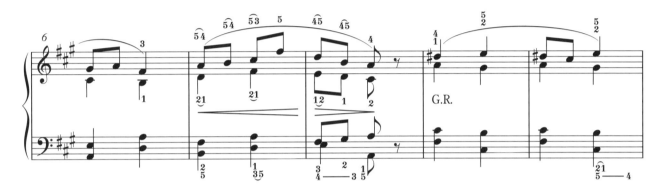

＊R.＝レシ（Récit）鍵盤
＊G.R.＝グラン・トルグ（Grand Orgue）鍵盤にレシ鍵盤をカプラー（連結）した状態

練習のヒント

①指の置きかえをスムーズに行って、充実したレガートで演奏します。

②メロディーのスラーはあくまでひと息で演奏するための記号なので、長い息づかいでなめらかに演奏しましょう。

③全ての声部をレガートで弾くのが難しい場合は、外声部（ソプラノやバス声部）のレガートを優先させます。

④レシ鍵盤用のスウェルペダルがある場合は、なめらかな開閉を行って、書かれた強弱を表現しましょう。

明日

松岡あさひ

「指ひろげ」と「指の置きかえ」、そして「重音による指の置きかえ」の要素が複合的に組み合わさったエチュードです。広がる音域に、明日への希望を重ね合わせて弾いてみましょう。

4 広がる音域② ── 「指くぐり」と「指ごえ」

ここでは、スケールや順次進行のフレーズ、半音階をなめらかにレガートで演奏する時に不可欠な「指くぐりと指ごえ」を練習します。指づかいの通りに弾いてみましょう。

指くぐりと指ごえ

ドリル

a. 1、2の指

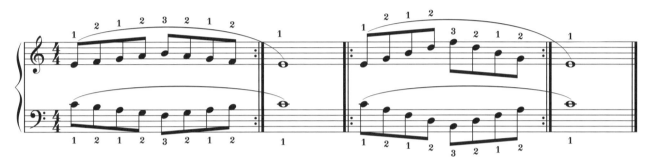

b. 1、3の指

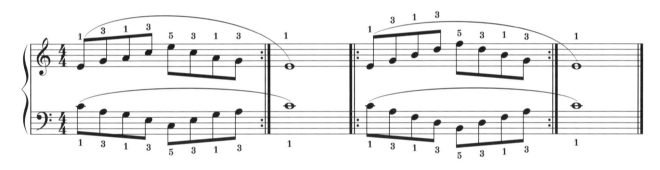

c. 1、4の指

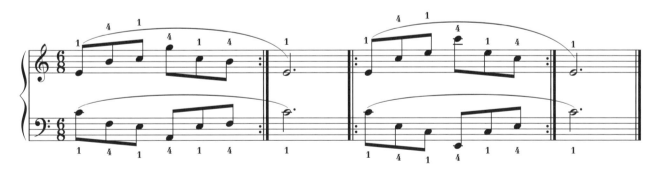

スケールや順次進行では、3と1、4と1の指くぐりと指ごえが大変重要です。1の指を柔軟に使えるようにするための練習をしましょう。

ドリル

▶ 1の指のポジション移動を力まずに行うために、親指の付け根（関節）を折り曲げるようにしてくぐらせます。

▶ 2～4の指が1を超える時は、決して指先を振り上げずに、次の音に触れておくようにしましょう。

a. 3-1の指くぐり・指ごえ

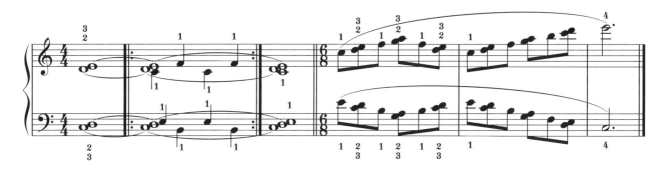

b. 4-1の指くぐり・指ごえ

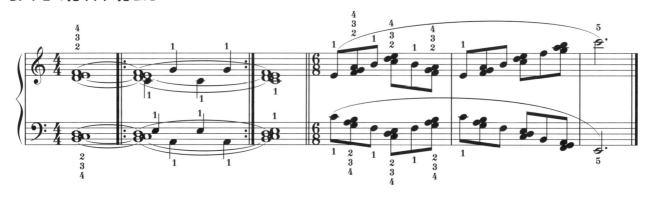

スケールの指づかいに準じた、3−1、4−1の指くぐりと指ごえを含む練習です。1の指のスムーズなポジション移動を心がけてください。

ドリル

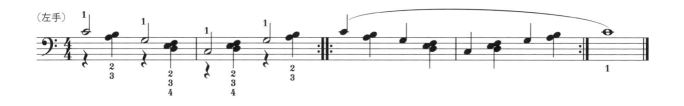

ハ長調のスケールを「指くぐりと指ごえ」をなめらかに行って弾いてみましょう。

ハ長調が弾けたら、他の調でも練習してみてください。

ドリル

a. 右手・左手の同じ指づかい

b. 右手・左手の異なる指づかい

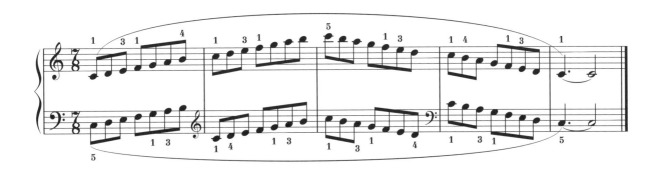

半音階

半音階は、右手・左手それぞれで指くぐりと指ごえをする箇所が違います。
両手で弾く時に指づかいに注意しながら弾きましょう。

ドリル

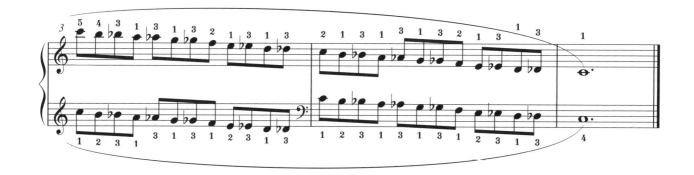

 右ページの「空もよう」では、気まぐれな風に吹かれて飛んでいく雲、移り変わる空もようのように、さまざまな調の音階が出てきます。色調の変化を楽しみながら弾いてみてください。

ワンポイント

空もよう

松岡あさひ

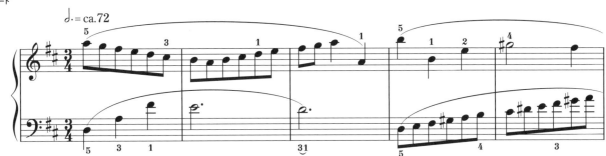

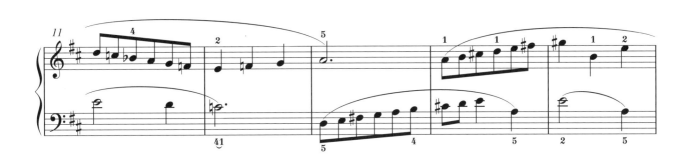

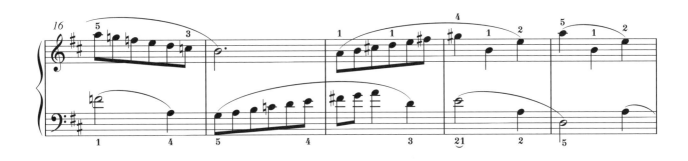

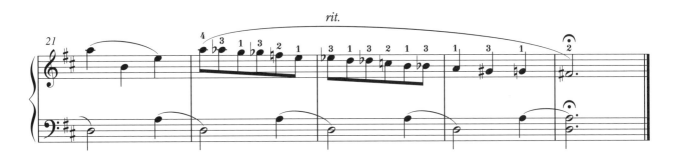

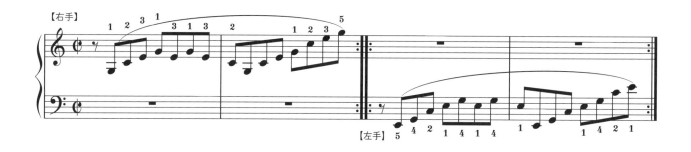
5　すばやいパッセージ（アジリティー）

「アジリティー」とは、すばやさ、機敏さという意味です。
すばやいアルペッジョや音階が出てきた時に、指くぐりや指ごえをスムーズに行うための練習をしましょう。

102〜103ページで紹介する、メンデルスゾーンの作品の中に登場する音型を使って学びます。

書かれた指づかいで手首を柔らかく使いながら、ひと息にレガートで演奏できるように心がけてください。

ドリル

a. 3-1の指くぐり　　　　　　　　　　　　1-4の指ごえ

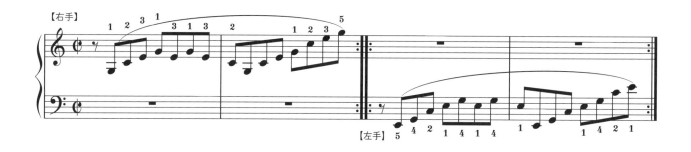

b. 右手3-1, 2-1の指くぐり・指ごえ

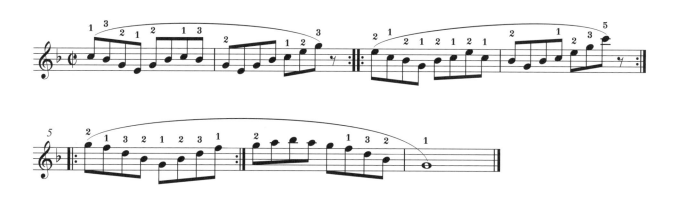

c. 右手の複合的な指くぐり・指ごえ

d. 左手1-5を含む指くぐり・指ごえ

さて、準備はできましたか？

それでは、メンデルスゾーンのソナタ第1番より、終楽章の冒頭部分を弾いてみましょう。

ワンポイント

メンデルスゾーンもまた、バッハに強い影響を受けた作曲家でした。彼の時代はバロック様式のオルガン
も残っており、メンデルスゾーンは深い関心を寄せ、オルガン演奏にも熟達していたと言われています。
バロック的要素とロマン派の音楽語法とを融合した、新たな時代への幕開けを担いました。

弾いてみよう

F.メンデルスゾーン：ソナタ第1番より 終楽章 op.65-1

（冒頭部）

続いて、次のページで紹介するリストの作品の中に登場する音型を使って、違う種類のすばやいパッセージを練習してみましょう。

特に右手と左手による6度奏のパッセージは、たての響きをよく聴いて、ゆっくりした練習から始めてください。

ドリル

a. 6度奏

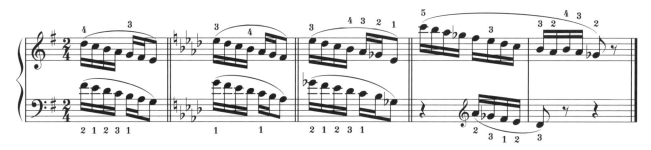

b. 手の受け渡し

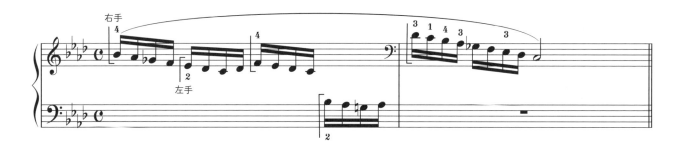

 ワンポイント リストはピアノだけでなく、オルガン演奏にも優れていました。この作品は、BACHの音すなわち

をテーマに書かれており、リストがバッハの音楽を熱心に研究していたのがわかります。2小節目の内声とペダル声部に「ラ♯-ラ♮-ド-シ」と出てきますが、「ラ♯＝シ♭」の異名同音を用いてBACHのテーマを表しています。皆さんもこの曲の中でたくさんのBACHを探してみてください（132ページに同じ曲の冒頭部分を掲載してあります）。

冒頭の「Volles Werk」とは、複数の鍵盤をカプラー（連結）し、オルガンの大多数のストップを入れて、たいへん大きな響きで演奏するという意味です。

弾いてみよう

F.リスト：バッハ（BACH）の名による前奏曲とフーガ S.529 （中間部 第130小節～）
(1811-1886)

6 動く音と伸ばす音（複声部への準備）

片手で複数の声部を表現するために、まず1音を保持したまま、他の指は5度を超えない音域の音を弾くことから始めます。

ドリル

▶ 指の独立や弱い指の強化にもつながりますので、保持した指は力を入れすぎず、他の指のタッチとリリースをていねいに行ってください。

▶ 特に、指の付け根の関節がへこんでしまわないように、指をしっかり起こした状態で弾きましょう。

▶ 各指は、指先を決して振り上げずに、鍵盤に触れたまま弾いてください。

a. 指の独立

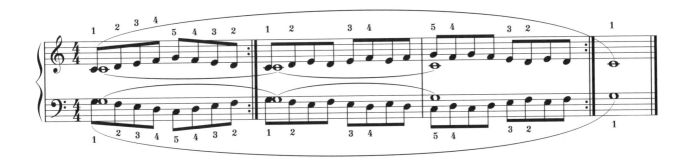

b. 4-5   ### c. 3-4

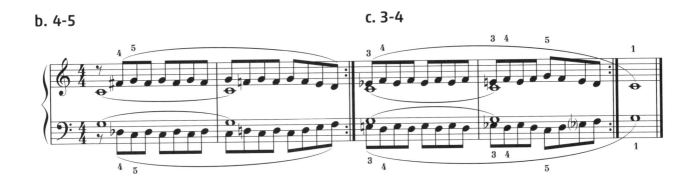

d. 1-2, 2-3   → 次のeに続く

e. 1-4, 2-4

エチュード

クリスマスの贈りもの

近藤 岳

Adagio

poco rit.

ワンポイント　1〜4小節は「1の指」の保持、5〜7小節は「5の指」の保持が登場します。大きなフレーズを感じながらていねいに表現しましょう。

切ない気持ち

近藤 岳

動く音が8分音符で登場します。Moderatoのテンポの中で、特に5と4の指がバタバタしないように弾きましょう。

5〜7小節の両手の伸ばす音と動く音は、それぞれ3度で響き合っています。響きの豊かさをかみしめて。

7小節の2拍目〜最後の小節のカデンツは、フランスの作曲家G.フォーレ(1845-1924)が好んで使用した「フォーレ終止」と呼ばれる終止形です。

次のページでは、フランスのロマン派を代表するセザール・フランクの作品を紹介します。

フランクのこの作品は、オルガンもしくはハルモニウムのための曲集『オルガニスト L'Organiste』の第1曲目です。すべての長・短調で書かれた小品がまとめられています。それらは主に、ミサ(典礼)の奏楽のために書かれ、短いながら、性格の異なる魅力的な作品ばかりです。

本書で掲載した楽譜は、フランクの弟子であった Ch.トゥルヌミール(1870-1939)が指づかいや演奏用語を補足したものです。

C.フランク：『オルガニスト』より ハ長調の作品 （Ch.トゥルヌミールによる校訂版）
(1822-1890)

①1小節目の演奏用語 avec charme（仏）は、「魅力的に」という意味。

②曲の構造をよく理解しましょう。A（1-8小節）- B（9-24小節）-A'（25-32小節）の3部形式です。

③Bの部分はより抑揚をつけて。16小節目から出てくる3回のフェルマータを、音楽的に表現しましょう。

④レシ鍵盤用のスウェルペダルがある場合、なめらかな開閉を行って起伏に富んだ響きを目指します。

共通音 Note commune

19世紀以降のオルガン作品では、曲想をよりレガートに響かせるために、声部をまたぐ共通音を、打ち直すことなくタイで演奏する習慣があります。

フランクのこの作品の30小節目の3拍目と4拍目を見てみましょう。

左側の譜例はフランクによる譜面です。フランクはタイを付けていませんが、のちにトゥルヌミール（右側の譜例）は4拍の「ミ」の音を打ち直すことなく、タイで演奏するように指示を加えています。

【フランクの楽譜】　　　　　　　　　　　　　　【トゥルヌミールによる校訂版】

共通音の実施例

C. フランク：祈り

（冒頭の上部2声）

共通音を実施すると…　　→　このように演奏します。

しかし、全ての場面において共通音をタイで演奏するとは限らず、それぞれの音楽に応じて用いることが大切です。

7　複声部 ——「指の置きかえ」と「指すべらし」

片手での複声部の演奏では、それぞれの声部で指を置きかえる箇所が変わります。

このドリルは、40ページでも登場しましたが、ここではレガートで表現しましょう。

ドリル

指の置きかえ①

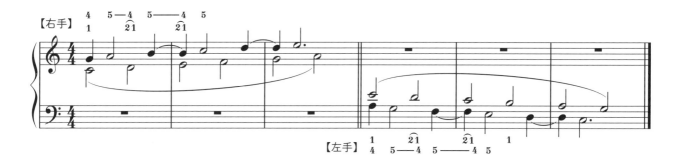

【右手 3-5の置きかえ】

【左手 3-5の置きかえ】

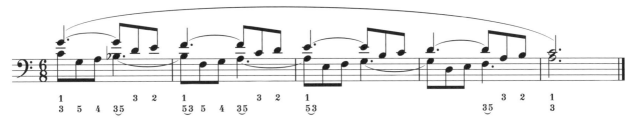

指の置きかえ②と指すべらし

指の置きかえだけでなく、主に1の指を鍵盤上ですべらせて弾くことで、声部がレガートに表現できます。
いろいろな技術が複合していますが、今までの練習を活かして、上手に音をつなぎましょう。

ドリル

a. 上声の重音／下音の単音　　　　**b. 上声の単音／下音の重音**

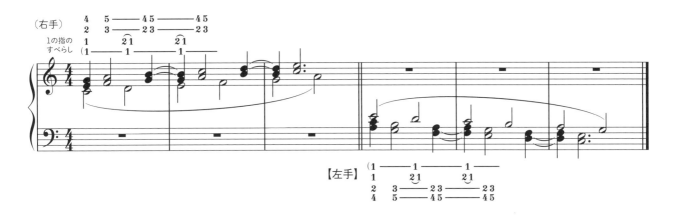

c. 上声の単音／下音の重音　　　　**d. 上声の重音／下音の単音**

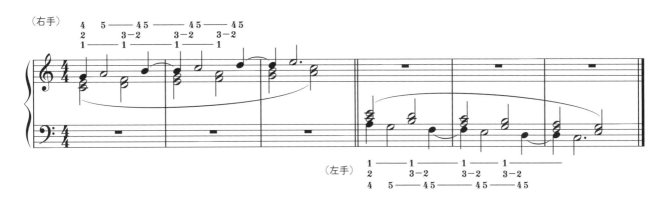

弾いてみよう

M.レーガー：高き天より、我は来たれり op.135a-24
(1873-1916)

Etwas langsam

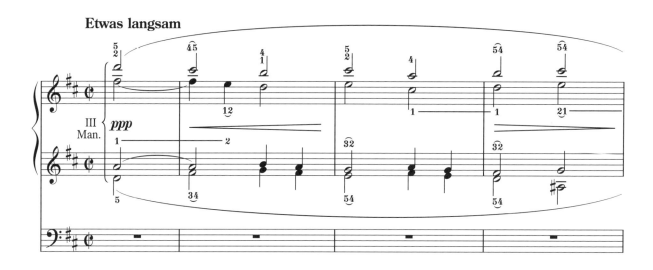

*Ⅲ Man.＝第3鍵盤、Ⅱ Man.＝第2鍵盤
*∪（かかと）の使い方については116ページ以降を参照のこと

練習のヒント

① Etwas langsam とは、「すこし遅く」という意味。
② コラールの旋律は、ソプラノ－ペダル－ソプラノ－ペダル－ソプラノの順に出てきます。
③ ペダルでコラールを演奏するときは、楽譜に書かれている通りテヌートで弾くと、はっきりと聞かせることができます。
④ スウェルペダルがある場合は、静かな曲想の中での繊細な強弱コントロールを行ってください。

ワンポイント

ドイツ・ロマン派を代表する作曲家・オルガニストであるレーガーは、カトリック教徒でありながら、プロテスタント・ルター派の教会で歌われるコラールを題材にした作品を数多く残しました。このコラールは47ページにも登場していますので、それぞれの作曲家の書法や和声付けの違いを、ぜひ見比べてみてくださいね。

§2 ペダルの奏法

1 つま先とかかと

この章では、ペダルパートを「つま先」と「かかと」を使ってなめらかに演奏する練習をします。
手の奏法でも学んだように、ロマン派以降の作品ではタンギングをせずにレガートで演奏するので、つま先とかかとを交互に使います。

ドリル

▶ かかとを使った奏法に移る前に、まずは A 54〜57ページのドリルに戻りましょう。そのドリルを、書かれているペダリングをそのまま使って、切れ目のないレガートで演奏してみてください。

▶ レガートに弾くイメージができたら、この章に戻って、つま先とかかとの練習を始めます。かかとで弾く時は、足首を柔らかく使いながら、鍵盤を押した時につま先が上がりすぎないように気をつけましょう。（はじめのうちは、体を支えるために両手をオルガンの椅子や鍵盤の両脇に置き、安定した姿勢で練習してください。）

▶ 弾き終わったらその鍵に留まらないで、すばやく次の音へ足を移動させて準備するように心掛けましょう。

▶ 両足が低音域や高音域に移動する時は、上半身は前を向いたまま、足の付け根からその方向に向けるようにします。曲の次の展開を考えて、なるべくすばやく移動をすることがポイントです。

a. 同じ音型を、違うペダリングで弾く

「U」はかかとを表します。同じ音型を、5種類の違ったペダリングでレガートに弾いてみましょう。1つの音型でもたくさんの可能性があるのに気がつきますね。

b. つま先の保持とかかとの跳躍

つま先を押さえたまま、左右にかかとを動かします。足首を柔らかく使いましょう。
伸びている音を軸に、足を振り子のように動かし、慣れるまでゆっくり繰り返し練習しましょう。

c. つま先とかかとを交互に使う

bの練習を思い出しながら、つま先とかかとを交互に使ってレガートに演奏します。

d1. 左足の練習

弾いたあとに鍵盤から足が離れないように注意してください。

上と下2通りのペダリングを使ってなめらかに弾きましょう。

d2. 右足の練習

e. 左足と右足のなめらかな受け渡し①

f. 右足と左足のなめらかな受け渡し②

4小節目の最後からペダリングが変わります。

足の交差をそのつど工夫してなめらかに演奏しましょう。

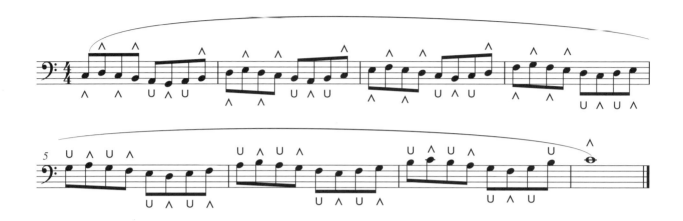

g. かかとの保持とつま先の跳躍

bの練習とは反対に、今度はかかとを押さえたまま、伸びている音を軸につま先を左右に動かしましょう。

h. 3度の跳躍を含む練習

L.ヴィエルヌ：『自由なスタイルによる24の小品』より「カリヨン」 op.31-21　　（冒頭部）

① 最初の2小節をゆっくりとペダルだけで弾いてみましょう。（両手で鍵盤の両端を持って、体を支えます。）
② ペダルを見ないで弾けるようになるまで繰り返します。
③ 両手の和音は、一音ずつマルカートで、堂々と演奏しましょう。

> 93ページの「子守唄」と同じ曲集に収められた曲です。ペダルで演奏する最初の2小節がこの曲の「カリヨン」の主題で、絶えず繰り返されます。カリヨンとは教会の鐘のことで、ヴィエルヌは有名な「ウェストミンスターの鐘」など、さまざまな教会のカリヨンのメロディーを主題に用いて曲を残しました。
>
> ワンポイント

2　片足でのレガート

ロマン派以降のオルガン音楽ではスウェルペダルと呼ばれる、強弱を調整できる装置（5ページの⑧）を使います。

スウェルペダルは右足や左足で調節しながら演奏することが多いため、残った方の足でレガートに演奏することが大切です。

跳躍音程を弾く時は、音が途切れないように注意します。

どうしても届かない時は、音が鳴らないように鍵盤の上をすべらせて次の音に移動してください。

ドリル

a. 左足

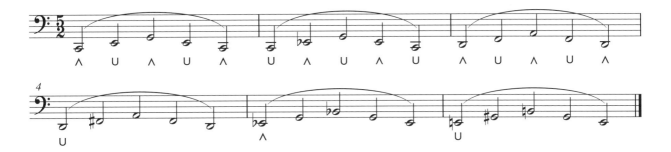

b. 右足

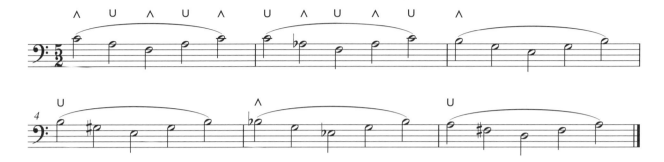

c. 黒鍵から黒鍵へのグリッサンド

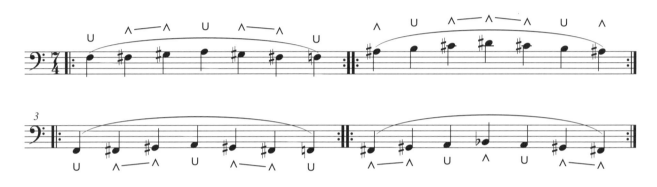

弾いてみよう

C.フランク：『前奏曲、フーガと変奏曲』より「フーガ」op.18　　　（第27小節〜）

ドリルで習った要素がたくさん出てきますね。だいぶなめらかに弾けるようになったかな？

手鍵盤でも指の置きかえ練習をしましたが、ペダル鍵盤でも次の音へスムーズに移動するために置きかえをします。

ドリル

a. 全音階

　ゆっくり練習しましょう。かかとからつま先に置きかえる時に、音が切れないように注意します。

b. 半音階

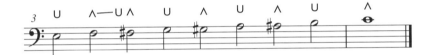

a. 重音の練習（両足で同時に演奏する練習）

　両足の音が揃うように気をつけましょう。

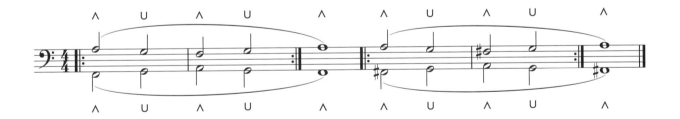

b. 動きのある2声

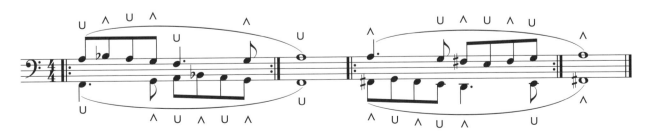

c. 3声

各音をしっかりと保って、次の音に移る時に足を大きく振り上げないように弾きましょう。

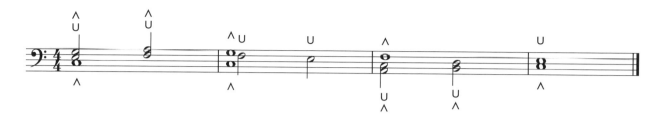

グーチョキパーの歌　ギリシャ風のカノン

梅干野安未 編

① まずは右足だけ、左足だけで、ゆっくりと練習します。
② 両足で弾くのが難しかったら無理をせず、手で一声部を弾きながら、もう一声部を足で演奏しましょう。
③ 一声部ずつ、先生やお友達とペダルで連弾しても楽しいですね!

ワンポイント
58ページでも練習した「グーチョキパーの歌」が、なんとも不思議な曲調へと変身。
下の音階を一度手で弾いてみてください。これは、半音を交互に挟みながら、2つの増2度が独特なアクセントになっている、ギリシャ風の音階です。これをグーチョキパーの歌に取り入れると、少し異国情緒が漂います。

弾いてみよう

M.デュプレ：『3つの前奏曲とフーガ』より 第3番 ト短調「前奏曲」op.7-3 （第106小節〜）
（1886-1971）

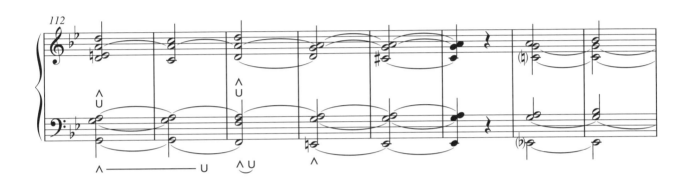

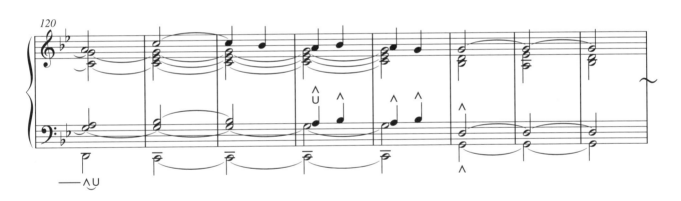

ワンポイント

実際の作品では、「両手で」の部分は右手のみで演奏し、左手の細かい動きが加わります。拍子記号も4
分の2拍子ではなく、16分の12拍子で書かれています。
20世紀のフランスらしさを感じる美しいハーモニーと、圧倒的なヴィルトゥオーゾだったデュプレの技巧
が詰まった作品です。

5　足から足への置きかえ

ドリル

音を伸ばしながら、すばやく左右の足を置きかえます。
その時、音が切れないように注意してください。

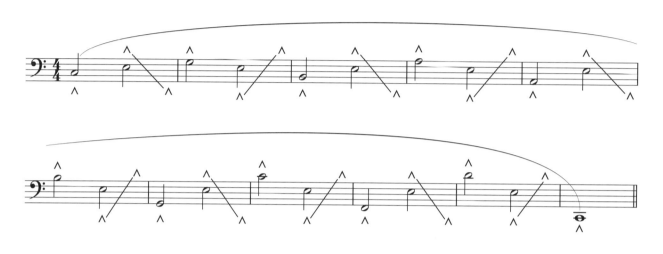

弾いてみよう

C.フランク：コラール第2番

（冒頭部）

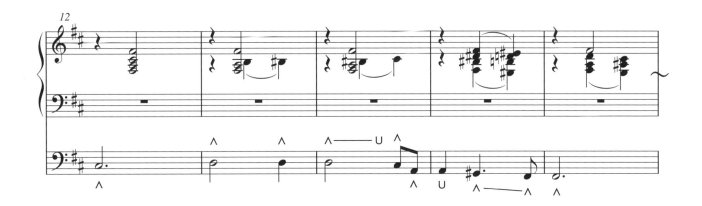

① 最初は両手とペダルを別々に練習しましょう。
② ペダル鍵盤のテーマに呼応する、手鍵盤の和声変化を感じながら演奏してください。

練習のヒント

フランクは、パリのサント・クロチルド教会のオルガニストを務めていました。そこには、名匠カヴァイエ＝コルが製作した美しいオルガンがあり、その楽器からいくつもの素晴らしい作品が生まれました。そのフランクが死の間際に書いたのが「3つのコラール」です。第2番は、冒頭のペダル旋律をテーマとする「パッサカリア」（バス主題による変奏曲）の形式で始まり、後半部分に、主題テーマを使ったフーガが続きます。

ワンポイント

バス主題による変奏曲はたくさんありますが、バロック期の作品では、J.パッヘルベル（1653-1706）の「シャコンヌ ヘ短調」、ブクステフーデの「パッサカリア ニ短調 BuxWV161」、バッハの「パッサカリア ハ短調 BWV582」などが大変有名です。ロマン派以降にはレーガーの「序奏とパッサカリア」や、リストの「バッハのカンタータ『泣き、嘆き、悲しみ、おののき』の主題による変奏曲」などがあります。

先生へ

§3　ロマン派のさまざまな音楽要素

これまでのまとめとして、実際の曲の中でロマン派の奏法を練習していきましょう。

まず、ヨハネス・ブラームスの『11のコラール前奏曲集』から大変美しい「装いせよ、我が魂よ」です。

① 3声部をレガートで弾けるように、書かれている指づかいを参考に練習しましょう。
② ソプラノに現れるコラールは、フェルマータまではひと息で。そして小さなブレスをして、次の節に移ります。その時に、他の声部が同時にブレスをしてしまい、音が切れないように注意してください。

練習のヒント

『11のコラール前奏曲集』op.122は、ブラームス最晩年の作品で、バッハへの深い畏敬の念を持って書かれました。バッハのコラール作品と同じように、ソプラノ以外の声部にもコラールの断片が用いられています。

ワンポイント

J.ブラームス：『11のコラール前奏曲集』より「装いせよ、我が魂よ」op.122-5
(1833-1897)

L.ボエルマン：『ゴシック組曲』より「Ⅲ. 聖母マリアへの祈り」op.25-3　　（冒頭部）
(1862-1897)

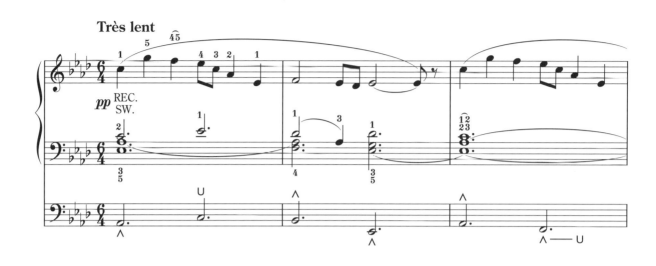

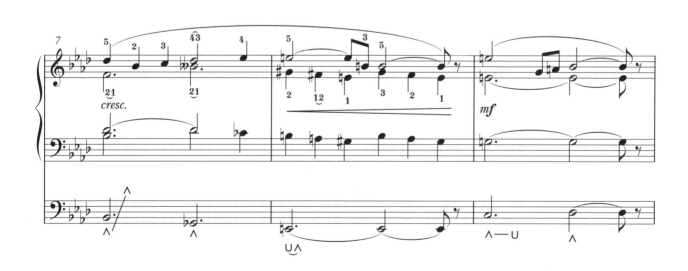

＊REC.＝レシ（Récit）鍵盤（仏）
SW.＝シュヴェルヴェルク（Schwellwerk）鍵盤（独）

① Très lent（仏）は「とてもゆっくり」という意味。1小節を緩やかな2拍子のように捉えて、停滞しすぎないように弾きましょう。
② ソプラノの旋律はもちろん、内声やペダル声部のレガートにも気をつけて。手首を柔らかく使いましょう。
③ ソプラノの旋律は、歌うように、「ヴォカリーズ」を意識して演奏します。

オルガンは、19世紀半ば頃からオーケストラの響きに影響を受けて、より表情豊かなニュアンスを演奏できるように変化していきます。オルガン製作家では、フランスのカヴァイエ＝コル、ドイツのF.ラーデガスト（1818-1905）がその名を馳せ、オーケストラのような響きを奏でるオルガンを生み出しました。この作品を書いたボエルマンも、カヴァイエ＝コル製作の大オルガンのオルガニストを務め、その響きを生かした交響的作品『ゴシック組曲』を残しています。

フランクの「前奏曲、フーガと変奏曲」や「カンタービレ」、ヴィエルヌの「オルガン交響曲第3番 第4楽章アダージョ」などにも取り組んでみましょう。

F.メンデルスゾーン：ソナタ第4番より 終楽章 op.65-4 （冒頭部）

練習のヒント

①まずは、ペダルの順次進行のスケールを堂々としたレガートで演奏できるようにしましょう。
②手鍵盤は、重音をしっかり掴み、レガートを意識して。足鍵盤のフレーズとの対比を生き生きと表現します。
③22小節目から登場する16分音符の音型は、力んでバタバタせずに、旋律の流れを意識しましょう。

F.リスト：バッハ（BACH）の名による前奏曲とフーガ S.529 （冒頭部）

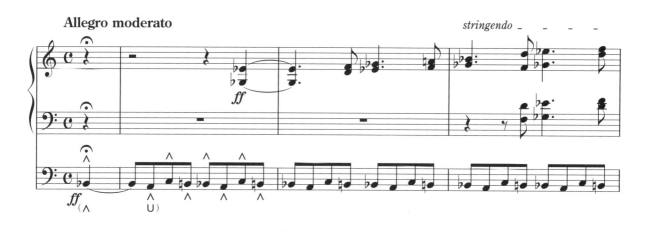

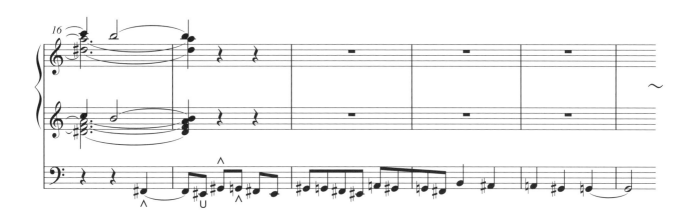

練習のヒント

①冒頭部では、ペダル声部にバッハBACHの音型による主題が繰り返されます。はじめのフェルマータは
　しっかり保ち、ゆっくりしたテンポから、次第にテンポを上げていきましょう。
②速度変化の指示に留意して、ロマン派らしい起伏に富んだ表現を心がけましょう。
③BACHのテーマが至るところに現れ、和声やリズムの変化が工夫されていることに注意してください。

III
パイプ、ストップ、レジストレーション

第Ⅰ部「オルガンを知ろう！」では、歴史や音の鳴る仕組みについて簡単に説明しました。ここでは、実際のオルガン演奏に必要なパイプの種類、ストップの名称や組み合わせ（レジストレーション）を紹介します。

1　パイプの種類

パイプには、主に錫（すず）と鉛（なまり）の合金でできた「金属管」と、楢（なら）や松などの木材を使った「木管」があります。また、音を鳴らすための機構が異なる、2種類のパイプがあります。

フルーパイプ……リコーダーのように歌口をもつパイプ

▶ プリンシパル族 Principal
代表的なストップ名称：Principal, Praestant, Octave, Superoctave, Choralbass, Quinte（倍音管）, Mixtur（混合管）など

▶ フルート族 Flute
代表的なストップ名称：Hohlflöte, Nachtflöte, Rohrflöte, Gedackt, Bourdon, Subbass, Quintadena, Nasat（倍音管）など

▶ ストリング族 String
代表的なストップ名称：Gambe, Salitional, Fugara, Unda Maris, Voix céleste など

リードパイプ……リード弁と共鳴管をもつパイプ　金属管、木管

▶ トランペット類 Trompete
代表的なストップ名称：Trompete, Oboe（Hautbois）, Schalmei, Clairon など

▶ ドゥルツィアン類 Dulzian
代表的なストップ名称：Dulzian, Kurmmhorn（Cromorne）など

▶ レガール類 Regal
代表的なストップ名称：Regal, Trompeten regal, Vox humana, Rankett など

2　ストップ

ストップの読み方とフィート数

例えば、Principal 8′ という表記があったら、「プリンシパル 8フィート」と読みます。「プリンシパル」は音色の種類を、「8′」はフィート数を示します。このフィート数はパイプの長さを示す大事な数字で、そのストップの一番低い音（主に中央の1点ハ音【c^1】より2オクターヴ低いハ音【C】）を発音させるのに必要なパイプの長さを示しています。1フィートは約30cmなので、8フィートだとおよそ2m40cmのパイプが必要になり、実際に書かれた楽譜通りの高さの音が出ます。

16フィート（16′）のパイプは8フィート（8′）より1オクターヴ低い音が、4フィート（4′）では1オクターヴ高い音が、2フィート（2′）の長さだと2オクターヴ高い音が鳴ります。

オルガンのストップのフィート数は倍音と大きな関係があるので、次ページの譜例を参考にしてみましょう。

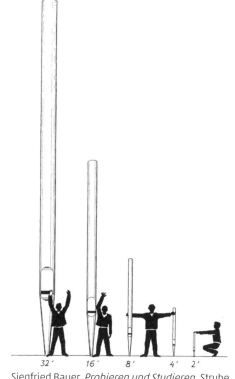

Siegfried Bauer, *Probieren und Studieren*. Strube Verlag, 1998.

自然倍音とオルガンのフィート数の関係

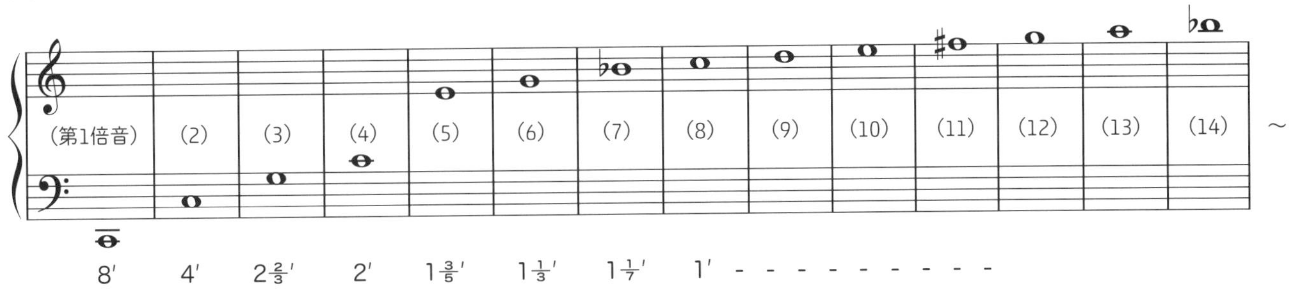

特殊な音色

オルガンのストップにはしばしば、分数をともなったフィート数が出てきます。これらを倍音管（アリクォート）と呼び、16′、8′、4′というようなオクターヴ系列以外の倍音を鳴らすことができます。例えば次のストップは、どのような音が鳴るでしょう？

（例）Quinte 2⅔′

「クィンテ Quinte」とはプリンシパル族のストップの名前です。この分数を上の譜例から探してみると、左から3つ目に 2⅔′ が出てきますね。第3倍音のことを示すので、「ド」を押すと、1オクターヴと5度上の「ソ」が鳴ることになります。

▶ 代表的な倍音管

Quinte 2⅔′, 1⅓′, 5⅓′	プリンシパル族の5度管
Nasat 2⅔′, Sifflöte 1⅓′	フルート族の5度管
Terz 1⅗′	フルート族の3度管

▶ 混合管

1つの音色を選ぶと、2つ以上の音が鳴るストップのこと

Sesquialtera	: 2⅔′ + 1⅗′
Terzian	: 1⅗′ + 1⅓′
Kornett (Cornet)	: 8′ + 4′ + 2′ + 2⅔′ + 1⅗′

Mixtur類：オクターヴや5度、3度などの高いピッチのパイプが複数で構成される。
Mixtur, Schalf, Zimbel, Hintersatz など

3　レジストレーション

1台のオルガンがどういう音色や機能を持っているのか、それを示すリストを「ディスポジション（仕様）」と言います。そして、その中の音色を組み合わせることを「レジストレーション」と呼びます。では、どのようにレジストレーションを決めるのでしょうか？

ある作品を演奏する時、作曲家によって音色が指定されていることもあれば、何も書かれていないことも多くあります。そのため、演奏者が演奏する楽器と曲の時代や様式に沿って、的確なレジストレーションを決めることが必要です。反対に、音色が指定されていても、演奏する楽器にそのストップが存在しない！ ということもあります。その楽器と曲に合う、バランスの取れた音色を組むことも、オルガニストの腕の見せ所の1つとなります。

レジストレーションについては、（一社）日本オルガニスト協会監修『オルガンの芸術』（道和書院刊）に詳しく書かれているので、ぜひ参考にしてください。

IV
総合練習曲

総合練習曲は、どの曲も皆さんがよくご存知のメロディーによって書かれており、全て編著者によるオリジナル作品です。今までに学んださまざまな奏法を活かす曲として、また演奏会などのレパートリーにも十分対応できる内容になっています。ぜひ楽しく取り組んでみてください。

§1　バロックの様式

バロックのスタイルによる
パルティータ「きらきら星」

松岡あさひ

Partita I

> ![ワンポイント] パルティータとは、変奏曲のことです。バロックの時代にはコラール（讃美歌）をテーマとするパルティータが多く作られました。
> 1曲目のパルティータは、和声付けされた4声体でテーマ「きらきら星」が示されます。1段鍵盤で弾けるようになっていますが、内声の受け渡しに注意して演奏しましょう。バスの声部をペダルで取ってみても良いでしょう。

Partita II

Allegro

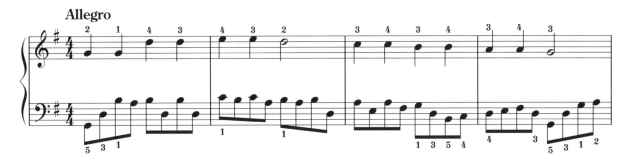

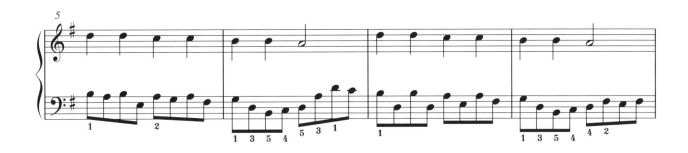

 2曲目は、2段鍵盤（1段鍵盤でも良い）のためのパルティータです。右手はシンプルにテーマを奏でています
が、左手はチェロの弓の動きをイメージして弾いてみましょう。

ワンポイント

Partita III

ワンポイント　3曲目は、2段鍵盤（この曲も1段鍵盤でも良い）のためのパルティータです。テーマは右手に16分音符で細かく装飾されて現れます。左手のパートをペダルで取っても構いません。

Partita IV

4曲目は、1段鍵盤とペダルのためのパルティータです。雰囲気がガラリと変わって、半音階的な進行を多く含んだ短調となっており、定旋律はペダルに登場します。

ワンポイント

Partita V

ワンポイント　5曲目は、2段鍵盤とペダルのためのパルティータです。「装飾コラール」とも呼ばれ、右手の定旋律がたくさんの縁取りで細かく装飾されるスタイルになっています。

次の6曲目は、1段鍵盤とペダルのためのパルティータです。フゲッタ（フーガ風の楽曲形式）で書かれていますので、どの声部にテーマが出てくるか、意識しながら弾いてみましょう。この曲は次の7曲目（終曲）にattaccaで続きます。

Partita VI

Andante

Partita VII

最後の7曲目は、1段鍵盤とペダルのためのパルティータで、ジーグの様式で書かれています。ペダルが少し難しいので、まずは足だけで練習してみてください。

幻想様式による
プレリューディウム「荒城の月」

松岡あさひ

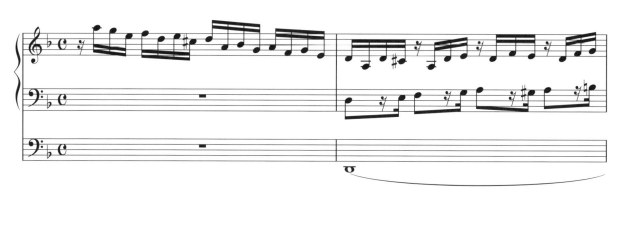

ワンポイント　土井晩翠作詞・瀧廉太郎作曲（山田耕筰編曲）で知られる日本歌曲「荒城の月」（1901）を、北ドイツ・オルガン楽派の幻想様式（スティルス・ファンタティクス。64ページを参照）で再構成した作品です。第1フーガ（27小節〜）、第2フーガ（55小節〜）のテーマはもちろんのこと、多くの箇所で「荒城の月」のメロディーから取られたモティーフが登場しますので、探しながら楽しんで演奏してみてください。

ロマン派の抒情的な曲想による

ロンドンデリーの歌

近藤 岳

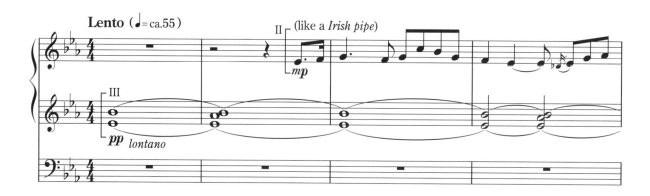

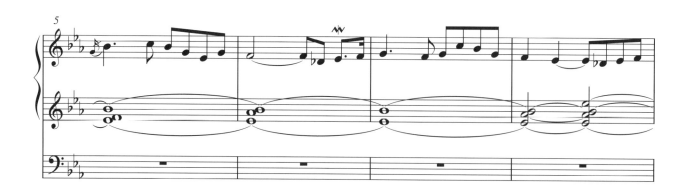

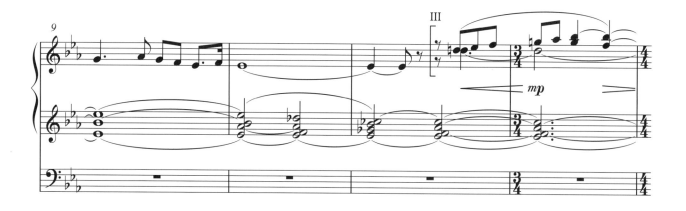

美しい旋律を持つ「ロンドンデリーの歌」を、壮大な曲想に仕上げました。楽譜中の鍵盤指定は、主鍵盤を第1鍵盤と考えており（5ページの⑥を参照）、できれば3段鍵盤とスウェルペダルが備わった楽器で演奏するのが理想ですが、2段鍵盤の楽器でも十分に演奏できます。冒頭の右手メロディーは、アイルランドの民族楽器「アイリッシュパイプ」をイメージして弾きましょう。曲が進むにつれて、次第に転調を繰り返し高揚感が増していきますが、変ホ長調が戻ってくるクライマックスでは、希望にあふれてドラマティックに演奏しましょう。レジストレーションは任意ですので、曲想に応じて自由に工夫してください。

§3 ペダルのための練習曲

「ペツォールトのメヌエット」によるペダルソロ練習曲

近藤 岳

*（　）の音は弾かなくてもかまいません

ワンポイント　皆さんがよくご存知のメヌエットを、ペダルソロの曲（3つのバージョン）にしました。いずれもペダリングは指定していません。曲想や音の表情からどんなペダリングが相応しいか、ぜひ考えてみてください。レジストレーションも自由に工夫してください。
基礎的でバロック的なアプローチができる「バージョン1」から、レガートが要求される進歩的な「バージョン2」へ進み、かなり技巧的で難易度が高いですが、さまざまなペダル奏法を駆使する「ヴィルトゥオーゾ・バージョン」（次ページ）にもぜひ挑戦してみてください！

ヴィルトゥオーゾ・バージョン

Moderato con brio

(poco rit.)   (a tempo)

(manual)

*（　）の音は弾かなくてもかまいません

次に、ペダル連弾のための練習曲を紹介します。

演奏する2人のたった4本の足だけで、楽しい連弾ができるように「ドレミの歌」を編曲しました。音の表情に合うペダリングを自由に考えて、2人で息の合ったアンサンブルを楽しんでください。

ワンポイント
レジストレーションは任意ですが、冒頭は4フィート（4'）で始めると良いでしょう（手鍵盤のストップをカプラーしても構いません）。その後、曲想や強弱に応じて自由に変化させていってください。後半は変ト長調に転調しますが、「1点ソb（ges¹）音」がペダル鍵盤にない場合は、手の鍵盤で弾いて代用してください。

ペダル連弾のための
ドレミの歌

近藤 岳 編

Allegretto

(4') con brio

2nd time

2nd time

2nd time

*（　）の音は弾かなくてもかまいません

DO-RE-MI
Lyrics by Oscar Hammerstein II
Music by Richard Rodgers
©1959 by Richard Rodgers and Oscar Hammerstein II
Copyright Renewed WILLIAMSON MUSIC owner of publication and allied rights throughout the world
International Copyright Secured All Rights Reserved
JASRAC(出)2000149-303

刊行に寄せて

廣野嗣雄

東京藝術大学名誉教授

音楽の演奏に同じものは1つとしてない。人の数だけ多くの演奏があるといえる。

それだけではない。録音は別として、同じ人が同じ曲を繰り返し演奏しても、どれ1つとして同じ結果とはならない。音は消え去るからである。

演奏をつくり上げるのは、声あるいは楽器、楽譜、演奏者という3つの要素である。

楽器の音色は、発音源と発音の方式によって異なる。オルガンは、人の息の代わりに、機械で生みだした風でパイプを鳴らす管楽器である。パイプへの風の通り道に弁をもうけ、これを鍵盤で操作して音を出したり止めたりするのである。紀元前に考案されたこの仕組みにより、オルガンは鍵盤楽器の元祖となった。クラヴィコード、チェンバロ、ピアノなど他の鍵盤楽器は、鍵盤で音を鳴らす機構をオルガンから取り入れた。タンジェント（短い金属の棒）で、弦をおさえるクラヴィコード、弦をプレクトルム（ピック、爪）ではじくチェンバロ、ハンマーで弦をたたくピアノなど、これらの楽器には、鍵盤のほかには、発音原理と構造でお互いに共通するところは全くない。

オルガンが、今日のように7つの白鍵と5つの黒鍵からなる —— 楽器により逆の色もある —— 仕組みへと完成していく14〜15世紀ころ、それまで使われてきた声楽のための音符を、鍵盤という新しい機構で演奏するために、その書き方（記譜法）や、演奏技術つまり指の使い方（運指法、フィンガリング）が考案されなければならなかった。

鍵の並び方と5本の指の姿は、音符の書き表し方と演奏テクニックの出発点となった。初めのころには、ドイツ、イタリア、スペイン、イギリスなど地域によって多くの試行錯誤がなされた。この過程で、音符だけでなく文字や数字を使って音を表記する記譜法はタブラチュアと呼ばれている。17〜18世紀のバロック時代になると、記譜法は次第に今日のかたちへと統一されていった。

オルガンの発音原理は、紀元前から今日まで変わりないが、構造および外観の特徴、そして演奏テクニックは、地域や時代により変化を遂げていった。それぞれの細かい違いを度外視して大きく分けると、16世紀からモーツァルトが生まれた18世紀中ごろまで（ルネサンス・バロック時代）、19世紀（ロマン派）、そして20世紀以降（近現代）の3つに分割することができる。オルガン以外の世界でも、時代や国や作曲家の違いによって、音楽を弾きわけることが行われている。例えば19世紀のショパンの音楽を、17〜18世紀バロック音楽のようには演奏しない。またその逆もいえる。作品の性格によって演奏スタイルを変えることを厳密に考えると、特にオルガンは難しい課題をもたらすことがわかる。楽器が建物に固定されるため、作られた時代と地域の風土に著しく影響を受けるからである。

バロック時代の音楽では、はっきりしゃべるように、音を明確に区切ることが重要視された。リコーダーなど管楽器でおこなう tu-tu- のようにタンギングをつけると、音の出始めをはっきりさせてメロディーの流れにメリハリをつけることができる。本書ではこれを「アーティキュレーテッド奏法」と呼んでいる。

19世紀の音楽では、基本的には長いメロディーを、ブレス（息つぎ）を除いて、途切れないようになめらかにつなげて弾くことが基本となった。本書ではこれを「ノン・アーティキュレーテッド奏法（レガート奏法）」と呼んでいる。もちろんバロック時代の音楽で部分的にレガートに弾くこと、あるいは19世紀の音

楽でブレス以外のところで、必要に応じて音を分離して弾くこともあるのは言うまでもない。

20世紀に入ると、過去の音楽をそれぞれの時代のスタイル、また各時代の音楽家たちがどのように演奏することを基本としたかを研究し、その音楽が生まれた時代、地域、作曲家の個性などの違いを踏まえて演奏することが広く希求されるようになった。

近藤岳さんが、梅干野安未さん、松岡あさひさんの協力を得て作り上げた本書は、このように長く、広く、深いオルガンとその音楽の歴史を背景にしている。

日本に西洋音楽そしてオルガンがもたらされたのは、キリスト教が伝えられた16世紀であった。間もなくキリスト教が禁止され、鎖国の時代を経て、禁教がとかれて再来したのは明治時代(19世紀)である。この時代にキリスト教の宣教師たちが持参した楽器は、その多くがパイプオルガンではなく足踏み式のリードオルガンであった。この楽器は、大きさも価格も手頃であったので、キリスト教会だけでなく、日本の社会にまたたく間に広まっていった。パイプオルガンも建てられたが、その数は少なく、震災や戦災によりそのほとんどが失われた。明治、大正、昭和初期のオルガン音楽の主役はリードオルガンであった。

明治時代にドイツ留学し、帰国して演奏と教育で活躍した島崎赤太郎の『オルガン教則本』(1899)は、日本の初期オルガン教育に大きく貢献した。昭和期に広く活用されたリードオルガンの教則本としては、『ラインハルト・オルガン教本』(草川宣雄編 1956)、『レンメンス・オルガン教則本』(岡井晃編 1978)などがある。また同じころに活躍した木岡英三郎は、リードオルガン曲だけでなく、パイプオルガン曲も数多くこの楽器のためにまとめて世に送り出した。日本のオルガン史は、ここにあげることができない多くの先達の貢献があって今日を迎えている。

20世紀後半以降になると、パイプオルガン設置が全国的広がりを見せ、オルガン音楽を鑑賞するだけでなく、学ぼうとする人たちが増え始めた。パイプオルガン教則本の必要性が生まれ、これまでに月岡正暁『オルガン奏法』(2001)、大塚直哉『CLAVISクラ

ヴィス』(2006)などが既に刊行されている。本書では、これまでの貴重な先行教則本の内容と共通する部分に加えて、やさしい曲から高度なテクニックを要する曲まで、本書のために作曲されたオリジナル曲や編曲のほか、名曲の一部が掲載されている。

教える人の数だけ奏法指導のメソッドがあり、本書はその試みの1つとして、3人の若き俊英たちが、総力をあげてまとめた手引き書である。教則本というと、そうしなければならないと受け取られることがあるかもしれない。しかし本書のねらいはそうではなく、むしろある前提のもとで手足を使った時に、どのような結果を生むか、あるいはある結果を生むためにどのようなことをしたらよいかを示している。本書を、先生が使う教材として、あるいは個々の学習者の道しるべとして使うとき、その結果の良しあしを判断するのは、すべての人に与えられている目であり耳である。目は、手や足の動きと鍵の反応を注意深く観察し、耳はパイプの音の鳴りはじめと鳴りやみや音楽の響きの美しさを聴き取るのである。

今後も、さまざまな指導書が生まれてくることを期待しつつ、本書が多くの方々の関心にこたえるものとなることを願っている。

掲載曲一覧

II　オルガンの奏法　Ⓐ アーティキュレーテッド奏法

II　オルガンの奏法　Bノン・アーティキュレーテッド奏法

IV　総合練習曲

近藤 岳
Takeshi Kondo

オルガニスト、作・編曲家。東京藝術大学音楽学部作曲科卒業。同大学別科オルガン科修了。同大学大学院修士課程音楽研究科（オルガン）修了。文化庁新進芸術家海外研修員としてフランス（パリ）に留学。現在、東京藝術大学非常勤講師。国立音楽大学非常勤講師。（一社）日本オルガニスト協会理事。

梅干野安未
Ami Hoyano

東京藝術大学、及び同大学院オルガン専攻修了。文化庁新進芸術家海外研修員としてパリ国立高等音楽院オルガン科を修了。同時にエクリチュール（作曲書法）科で研鑽を積む。2015年デュドランジュ国際オルガンコンクール優勝。現在、明治学院非常勤オルガニスト。

松岡あさひ
Asahi Matsuoka

作・編曲家。東京藝術大学音楽学部作曲科首席卒業、同大学大学院修士課程作曲専攻修了。2011年奏楽堂日本歌曲コンクール作曲部門第1位。文化庁新進芸術家海外研修員としてドイツ・シュトゥットガルト音楽演劇大学に留学し、作曲とオルガン演奏法を学ぶ。

オルガン奏法
パイプでしゃべろう! パイプで歌おう!

2020年1月24日　初版第1刷発行
2023年9月 7日　初版第3刷発行

編著者　近藤 岳

著者　　梅干野安未・松岡あさひ

発行者　片桐文子

発行所　株式会社 道和書院
　　　　東京都小金井市前原町2-12-13（〒184-0013）
　　　　電話 042-316-7866／FAX 042-382-7279
　　　　振替 00160-6-74884
　　　　http://www.douwashoin.com/

装画　　北原のり子

楽譜浄書　久松義恭

校正協力　光田智美

デザイン　高木達樹

印刷・製本 大盛印刷株式会社

JASRAC（出）2000149-303

LOVE THE ORIGINAL
楽譜のコピーはやめましょう